STUPID by the Feed

die gefährliche Macht der sozialen Me-dien

Von derselben Autorin oder demselben Autor

Mensch 2.0 wie du mit Technologie in Einklang kommst ,ohne dich selbst zu verlieren

Energievampire unsichtbare Feinde der Seele-wie Du deine Lebensenergie zurückeroberst

Psychotricks-Manipulation in Beziehungen und im Alltag erkennen und sich davor schützen

Die Kunst sich selbst zu leben-vom Mut den eigenen Weg zu gehen

KEINE PANIK ! Der ultimative Survival Guide durch das Chaos Universum der Pubertät

KEINE PANIK !Der ultmative Hitzewelle Surf-ival Guide durch das Menopause Universum

KEINE PANIK ! Der ultimative Survival Guide durch das Midlife Universum

Mara von Eichen

STUPID by the Feed

die gefährliche Macht der sozialen Medien

Mara von Eichen

© Auflagen Mara von Eichen

ISBN : 978-3-7693-8978-4

Verlag: BoD · Books on Demand GmbH, In de Tarpen 42, 22848 Norderstedt, bod@bod.de
Druck: Libri Plureos GmbH, Friedensallee 273, 22763 Hamburg

Mara von Eichen

Über die Autorin

Mara von Eichen lebt mit ihrer Familie in Südungarn, umgeben von unberührter Natur, die ihr als Inspirationsquelle dient. In ihren Werken verbindet sie Psychologie, Bewusstsein, Technologie und kreative Ausdrucksformen zu einer einzigartigen Perspektive auf die moderne Welt. Als Autorin und Künstlerin betrachtet sie die Dinge mit besonderer Sensibilität und Tiefgang. Ihre Sachbücher laden dazu ein, gewohnte Denkmuster zu hinterfragen und die Verbindung zwischen Mensch und Technologie bewusster wahrzunehmen.

Für alle, die den Mut haben, hinter die Fassade zu blicken.
Für jene, die sich nicht von Algorithmen lenken lassen.
Und für die, die beginnen, Fragen zu stellen.

Möge dieses Buch eine Begleitung auf eurem Weg sein.

Inhaltsverzeichnis

Vorwort

Vorwort

Als ich anfing, mich mit der Macht sozialer Medien zu beschäftigen, dachte ich zunächst, ich wüsste bereits alles darüber. Wir alle nutzen sie täglich – mal zum Spaß, mal aus Langeweile, mal, um uns mit anderen zu vernetzen. Doch je tiefer ich eintauchte, desto erschreckender wurde mir bewusst, wie sehr sie unser Denken, Fühlen und Handeln beeinflussen.

Dieses Buch ist aus der Erkenntnis entstanden, dass soziale Medien weit mehr sind als harmlose Plattformen zur Unterhaltung. Sie formen Meinungen, verstärken Extreme und können Karrieren ebenso schnell aufbauen wie zerstören. Sie verführen, manipulieren und können Menschen in den Abgrund reißen. Aber gleichzeitig sind sie faszinierend, unverzichtbar und mächtiger denn je.

Ich habe dieses Buch nicht geschrieben, um Panik zu verbreiten, sondern um aufzuklären. Ich möchte Denkanstöße geben und dazu anregen, sich bewusster mit der digitalen Welt auseinanderzusetzen. Denn nur wer die Mechanismen versteht, kann sich davor schützen, von ihnen kontrolliert zu werden.

Lass uns gemeinsam hinter die Kulissen blicken. Die Wahrheit liegt oft dort, wo wir sie am wenigsten erwarten.

Mara von Eichen

Einleitung

Einleitung

In einer Welt, in der Likes, Follower und virale Trends über Erfolg und Bedeutung entscheiden, haben soziale Medien längst die Kontrolle über unser tägliches Leben übernommen. Sie versprechen Verbindung, Ruhm und Anerkennung – doch zu welchem Preis?

Dieses Buch beleuchtet die Schattenseiten der digitalen Scheinwelt: Manipulation, Gruppenzwang, Fake News und die gefährliche Dynamik sozialer Netzwerke, die nicht nur unsere Wahrnehmung, sondern auch unser Verhalten steuern. *STUPID by the Fee* ist mehr als eine Warnung – es ist ein Weckruf. Denn die Macht der sozialen Medien ist größer, als wir denken. Und wer sie unterschätzt, läuft Gefahr, selbst zu einer Marionette des Systems zu werden.

Bist du bereit, hinter die Fassade zu blicken?

Der digitale Dämmerzustand

Der digitale Dämmerzustand

In der heutigen Welt sind wir ständig online. Ob in der U-Bahn, beim Warten an der Kasse oder noch vor dem ersten Morgenkaffee – unser Blick wandert immer wieder zu unseren Handys, um uns in die digitale Welt zu stürzen. Doch während uns diese scheinbare Verbindung zu Freunden, Nachrichten und Unterhaltung jederzeit zur Verfügung steht, hat sie einen Preis. Dieser Preis ist nicht nur unsere Zeit, sondern auch unsere Fähigkeit, klar zu denken, tief zu reflektieren und uns selbst wahrhaftig zu erkennen.

Der digitale Dämmerzustand hat uns ergriffen – eine lähmende Halbdunkelheit, in der wir uns in einer endlosen Flut von oberflächlichen Inhalten verlieren. Wir scrollen durch Instagram-Feeds, durch TikTok-Videos, durch Facebook-Posts, doch je mehr wir konsumieren, desto mehr verlieren wir die Verbindung zu dem, was wirklich zählt: zu uns selbst und der Welt um uns herum. Der ständige Strom an Likes, Kommentaren und Benachrichtigungen suggeriert uns das Gefühl von Bestätigung, doch je mehr wir uns davon ernähren, desto leerer und erschöpfter fühlen wir uns.

Was als ein bequemes Werkzeug begann, um uns mit anderen zu verbinden, hat sich mittlerweile zu einem allumfassenden Netz verwandelt, das unsere Gedanken, unsere Emotionen und unsere Wahrnehmung der Realität zunehmend beeinflusst. Statt uns zu bereichern, entziehen uns soziale Medien das, was uns menschlich macht – die Fähigkeit zur echten Verbindung, zur Selbstreflexion und zum tiefen, kritischen Denken.

In diesem Buch werde ich die „gefährliche Macht der sozialen Medien" untersuchen und aufzeigen, wie sie nicht nur unsere Wahrnehmung verzerren, sondern uns auch in einen Zustand der geistigen Verflachung und Ablenkung führen. Wir befinden uns in einer digitalen Falle, die uns immer weiter in den „Feed" hineinzieht und unser Leben auf eine oberflächliche Ebene reduziert. Doch es gibt einen Ausweg. Es ist an der Zeit, die Kontrolle zurückzuerlangen, die Schleier der digitalen Dämmerung abzulegen und unser Denken wieder in die eigene Hand zu nehmen.

Die Architektur der Ablenkung

Wir leben in einer Ära, in der unsere Aufmerksamkeit zu einer der wertvollsten Währungen geworden ist. Social-Media-Plattformen wie Instagram, Facebook und TikTok sind nicht einfach nur Orte der Kommunikation und Unterhaltung. Sie sind hoch entwickelte Maschinen, die darauf ausgelegt sind, unsere Aufmerksamkeit zu fangen, zu halten und immer weiter zu verfeinern – mit einem einzigen Ziel: uns zu konsumierenden Maschinen zu machen.

Die Plattformen sind so konstruiert, dass sie keine Pausen bieten. Die Entscheidung, wann und wie wir Inhalte konsumieren, wurde uns längst genommen. Anstatt in einer Welt der Wahlfreiheit zu leben, befinden wir uns in einer endlosen Schleife von Ablenkungen, in der jede Entscheidung, die wir treffen, von den Algorithmen dieser Plattformen bereits vorhergesehen und optimiert wurde. Dieser konstante Strom an Bildern, Videos und Texten erzeugt ein Gefühl der Dringlichkeit, das uns zwingt, immer weiter zu scrollen, zu liken, zu teilen.

Die unaufhörliche Belohnungsschleife

Das Geheimnis hinter der Architektur dieser Ablenkung liegt in der Art und Weise, wie sie unsere Gehirne ansprechen. Die Entwickler dieser Plattformen haben die Psychologie des menschlichen Verhaltens bis ins Detail studiert und nutzen diese Erkenntnisse, um uns in eine nie endende Belohnungsschleife zu verstricken. Jedes Mal, wenn wir auf das Display blicken und ein neues „Like" oder eine Benachrichtigung sehen, wird unser Gehirn mit einem kleinen Schub an Dopamin belohnt – dem „Glückshormon". Diese Belohnung ist so süchtig machend, dass wir immer wieder zurückkehren, um mehr zu bekommen. Es ist wie eine moderne Form der Glücksspielabhängigkeit: je mehr wir bekommen, desto mehr wollen wir.

Doch das ist nicht genug. Um unsere Aufmerksamkeit noch stärker zu fesseln, bieten uns diese Plattformen gezielt Inhalte an, die zu unseren Vorlieben und unserem bisherigen Verhalten passen. Algorithmen analysieren jede Interaktion, sei es ein Kommentar, ein Like oder das Verweilen auf einem bestimmten Bild, und nutzen diese Informationen, um uns noch gezielter Inhalte vorzuschlagen, die uns emotional ansprechen. Dieser Prozess ist nicht zufällig, sondern das

Ergebnis minutiöser Planung, die darauf abzielt, unser Verhalten immer mehr zu lenken.

Die endlose Scroll-Falle

Das Konzept des „endlosen Scrollens" ist eine der Hauptmethoden, mit denen uns Social Media in einem Zustand der Dauer-Ablenkung hält. Die Plattformen haben keine klaren Endpunkte. Wir scannen und scrollen, ohne zu wissen, wo wir enden werden. Es gibt keinen Moment der Erschöpfung, keine klare Grenze. Wann haben wir das letzte Mal mit einem klaren Ziel auf Social Media etwas nachgesehen? Stattdessen gleiten wir von einem Inhalt zum nächsten, getrieben von dem Wunsch, noch etwas mehr zu erfahren, noch eine Benachrichtigung zu bekommen oder noch ein weiteres Bild zu sehen.

Dieser ununterbrochene Informationsfluss hat einen entscheidenden Nachteil: Er beraubt uns der Fähigkeit, uns zu fokussieren. Während wir uns in der digitalen Welt verlieren, verlieren wir den Zugang zu der tiefen, konzentrierten Aufmerksamkeit, die wir benötigen, um komplexe Aufgaben zu erledigen oder tiefgründige Gedanken zu entwickeln. Stattdessen werden unsere geistigen Kapazitäten zunehmend aufgeteilt und fragmentiert.

Das Fehlen der Pause

Eine weitere, oft unterschätzte Wirkung dieser digitalen Ablenkung ist das Fehlen der Pause. In der realen Welt gibt es natürliche Unterbrechungen – Pausen, Momente der Stille, Zeiten des Nachdenkens. Doch in der digitalen Welt gibt es keine Pausen. Jede Benachrichtigung, jeder Ping, jede neue Nachricht oder jeder „Like" fordert unsere sofortige Aufmerksamkeit und setzt uns in Bewegung. Diese ständige Dringlichkeit hat nicht nur einen physischen, sondern auch einen psychischen Tribut. Wir verlieren die Fähigkeit, einfach zu sein, ohne uns sofort wieder ablenken zu lassen.

Wir sind wie Hamster im Rad, das immer schneller wird, ohne dass wir es merken. Diese Architektur der Ablenkung ist so raffiniert und allumfassend, dass wir sie oft nicht mehr als das erkennen, was sie ist: eine Falle, die uns von der Realität und von uns selbst entfernt.

Die Illusion der Verbindung

In einer Welt, in der wir ständig miteinander verbunden sind, könnte man meinen, dass echte Nähe und zwischenmenschliche Beziehungen auf dem besten Weg sind, stärker und tiefer zu werden. Doch genau das Gegenteil ist der Fall. Social Media hat uns zwar miteinander vernetzt, aber es hat auch eine tiefe Kluft geschaffen, die uns von echten, authentischen Verbindungen entfernt. Die Form der „Verbindung", die uns durch Facebook, Instagram und Co. angeboten wird, ist eine Illusion – eine verzerrte Darstellung dessen, was wahre Nähe bedeutet.

Die oberflächliche Interaktion

Ein „Like", ein „Follower" oder ein Kommentar – das sind die Währungen, mit denen wir uns heutzutage messen. Doch was bedeutet ein Like wirklich? Es ist eine flüchtige Geste, die keinerlei Tiefe oder echtes Interesse widerspiegelt. Wir können uns in sozialen Netzwerken wie Facebook oder Instagram Freunde nennen, aber diese „Freundschaften" sind meist keine echten Beziehungen. Es sind oberflächliche Verbindungen, die von der Zahl der geteilten Bilder, Kommentare und Likes abhängen. Wir zeigen uns der Welt in den besten Facetten, sorgfältig kuratiert, um eine perfekte Version von uns selbst zu präsentieren. Doch hinter diesen sorgfältig inszenierten Bildern verbirgt sich oft eine tiefe Leere.

Die Kunst, uns selbst auf Social Media darzustellen, fördert eine Kultur der Oberflächlichkeit. Wir neigen dazu, uns zu vergleichen und uns in einem ständigen Wettbewerb zu befinden, wer das schönste Bild, das beeindruckendste Lebensereignis oder die meisten Follower hat. Doch dabei verlieren wir den Zugang zu den wahren Momenten der Verbindung, die jenseits der oberflächlichen Darstellung existieren. Wir verwechseln die Menge an Interaktionen mit echter Verbundenheit, und je mehr wir diese flachen Formen der Kommunikation suchen, desto weniger sind wir in der Lage, tiefere, bedeutungsvolle Beziehungen aufzubauen.

Echte Nähe wird zum Fremdwort

Die digitale Welt hat uns die Möglichkeit gegeben, mit Menschen in Kontakt zu treten, die wir sonst nie getroffen hätten. Doch genau diese Vernetzung hat die tiefen, menschlichen Beziehungen nicht nur ersetzt, sondern oftmals oberflächlich gemacht. Während wir uns auf den Bildschirmen und in den Feeds verlieren, verlieren wir die Fähigkeit, echte Nähe zu erfahren.

Wir verbringen Stunden damit, uns durch die Feeds von Freunden und Fremden zu scrollen, doch wann haben wir das letzte Mal jemandem wirklich zugehört, ohne uns ablenken zu lassen?

Echte Gespräche, in denen wir uns öffnen, in denen wir zuhören, in denen wir uns in der Tiefe begegnen, verschwinden zunehmend. Stattdessen nehmen wir uns kaum mehr die Zeit, wirklich präsent zu sein, weil wir ständig in den digitalen Strudel der ständigen Benachrichtigungen und Inhalte gezogen werden. Dieses ständige Nebeneinander von Menschen, die sich eigentlich nicht wirklich kennen, führt zu einer tragischen Paradoxie: je mehr wir uns vernetzen, desto weniger sind wir miteinander verbunden.

Das Phänomen des digitalen „Nähe ohne Nähe"

Ein weiteres Symptom der digitalen Verbindung ist das Phänomen, das ich als „Nähe ohne Nähe" bezeichne. Wir fühlen uns „verbunden", wenn wir die Bilder und Posts unserer Freunde und Bekannten sehen – doch in Wirklichkeit fehlt uns der emotionale Austausch, der die Grundlage für echte Nähe bildet. Wir sehen Bilder von Urlaubsreisen, Geburtstagsfeiern oder Erfolgsmomenten, aber was uns fehlt, sind die Gespräche, die uns wirklich berühren. Es sind die langen Gespräche, das tiefe Lachen, das Mitfühlen in schwierigen Zeiten, die echten Berührungen, die wir durch die flimmernden Bildschirme nie erfahren.

Wir sind dabei, das wahre menschliche Bedürfnis nach Nähe zu vergessen – und Social Media ist ein verstärkender Faktor. Diese Plattformen suggerieren uns, dass wir näher sind, als wir es tatsächlich sind, und genau in diesem Spannungsfeld zwischen der digitalen Nähe und der tatsächlichen Distanz verlieren wir die Fähigkeit, zu unterscheiden, was echte Verbindung wirklich bedeutet.

Die digitale Verarmung der Kommunikation

Wir haben uns an eine neue Form der Kommunikation gewöhnt – eine, die schneller, direkter und fragmentierter ist. Statt tiefgründiger Gespräche, die Zeit und Aufmerksamkeit erfordern, kommunizieren wir heute in kurzen Texten, Emojis und spontanen Nachrichten. Dies mag bequem und effektiv sein, doch es verkürzt die Qualität unserer Kommunikation. Die Nuancen eines Gesprächs, die Körperhaltung, der Tonfall, das Miteinander im Raum – all das geht verloren, wenn wir uns nur noch durch Bildschirme miteinander unterhalten.

Dieser Verlust an Tiefe hat dramatische Auswirkungen auf unsere zwischenmenschlichen Beziehungen. Wir verlernen, wie es sich anfühlt, wirklich zuzuhören und wirklich gesehen zu werden. In einer Welt, in der Kommunikation zum Austausch von schnellen Informationen geworden ist, geht die Fähigkeit verloren, sich wirklich zu verbinden. Wir konsumieren Informationen, aber wir erleben sie nicht mehr in ihrer vollen Tiefe.

Das Streben nach Bestätigung

In der Welt von Social Media dreht sich alles um Bestätigung. Ob durch Likes, Kommentare oder Follower – unsere Existenz wird ständig durch die Wahrnehmung anderer bewertet. Doch diese ständige Suche nach Anerkennung ist nicht nur ein harmloser Trend, sondern ein tief verwurzeltes Bedürfnis, das uns auf eine gefährliche Reise führt. Was passiert, wenn wir unsere Identität, unsere Wertigkeit und unser Selbstwertgefühl ausschließlich von der Meinung anderer abhängig machen?

Die Falle der sozialen Bestätigung

Jeder Post, jedes Bild, das wir teilen, wird zu einer Suche nach einem Beweis, dass wir gesehen werden, dass wir wichtig sind. Die sozialen Netzwerke bieten uns eine Plattform, um unsere besten Momente zu teilen, um uns im besten Licht darzustellen. Doch hinter dieser Präsentation unserer schönsten Seiten lauert eine Schattenseite: Unsere Wahrnehmung des Selbstwerts wird zunehmend an die Reaktionen der anderen geknüpft. Die Zustimmung wird zur Messlatte, mit der wir uns selbst bewerten.

Doch diese Form der Bestätigung ist flüchtig und vergänglich. Ein Like hier, ein Kommentar da – es dauert nicht lange, bis wir uns wieder nach mehr sehnen. Die Suche nach Anerkennung wird zu einem ständigen Kreislauf, der uns nie wirklich zufriedenstellt. Wir können immer mehr bekommen, aber das Gefühl der Erfüllung bleibt aus. Was wir nicht erkennen, ist, dass echte Bestätigung nicht von außen kommen kann – sie muss von innen kommen.

Die Entwertung des Selbstwerts

Je mehr wir uns auf diese digitale Bestätigung stützen, desto mehr verlieren wir das Vertrauen in uns selbst. Die sozialen Netzwerke fördern eine Kultur, in der unser Wert durch die Anzahl der Interaktionen gemessen wird. Je mehr „Likes" und „Kommentare" wir erhalten, desto mehr fühlen wir uns gesehen und bestätigt. Doch gleichzeitig wächst die Leere, wenn diese Bestätigung ausbleibt oder die Reaktionen geringer ausfallen als erwartet.

In diesem ständigen Wettbewerb um Aufmerksamkeit und Anerkennung verlieren wir die Fähigkeit, uns selbst wertzuschätzen, ohne dass uns jemand anders dies zuspricht. Unsere Emotionen, unsere Gedanken und unsere Erlebnisse werden zunehmend von äußeren Meinungen bestimmt, anstatt von einem authentischen inneren Gefühl. Der Vergleich mit anderen – wer mehr „Follower" hat, wer mehr „Likes" erhält – wird zur neuen Währung. Doch all dies geschieht auf einer flachen, oberflächlichen Ebene. Unsere wirkliche Identität wird immer weiter ausgehöhlt, da wir uns immer mehr nach der Bestätigung durch andere sehnen.

Das Maskieren der eigenen Unsicherheiten

Wir haben gelernt, uns hinter einer Fassade zu verstecken. Jede Aktion auf Social Media wird sorgfältig durchdacht, damit sie das gewünschte Bild von uns widerspiegelt – ein Bild von Erfolg, Schönheit oder Glück. Doch hinter dieser Fassade verbergen sich oft tiefe Unsicherheiten und Ängste. Die Vorstellung, nicht gut genug zu sein oder nicht die Zustimmung zu bekommen, die man erwartet, kann zu einem dauerhaften Gefühl der Unzulänglichkeit führen.

Diese Unsicherheiten sind der Preis, den wir zahlen, um die digitale Bühne zu betreten. Wir haben das Bedürfnis, perfekt zu erscheinen, doch die ständige Anforderung, uns immer wieder zu präsentieren, kann uns irgendwann völlig auslaugen. Wir leben in einer Welt, in der Authentizität kaum noch Platz hat – ein perfektes Bild, das den äußeren Erwartungen entspricht, ist die Währung, die uns Anerkennung verschafft.

Der Einfluss auf die psychische Gesundheit

Das Streben nach Bestätigung auf Social Media kann weitreichende Auswirkungen auf die psychische Gesundheit haben. Der ständige Vergleich mit anderen, das Gefühl der Ablehnung oder auch das Erleben von Cybermobbing können das Selbstwertgefühl stark beeinträchtigen. Menschen, die stark in die Bestätigung durch Social Media eingebunden sind, entwickeln häufig Angstzustände, Depressionen oder ein schlechtes Körperbild.

Die digitale Welt verstärkt das Gefühl, ständig „performen" zu müssen, um geliebt und anerkannt zu werden.

In dieser Jagd nach Bestätigung verlieren wir den Kontakt zu uns selbst. Anstatt uns mit unseren eigenen Werten und Überzeugungen auseinanderzusetzen, suchen wir ständig nach äußeren Bestätigungen, die uns unsere Werte erst zu bestätigen scheinen. Doch echte Zufriedenheit und wahres Wohlbefinden können nicht durch die Reaktionen anderer auf Social Media erreicht werden. Sie entstehen nur dann, wenn wir den Mut finden, uns selbst zu schätzen, unabhängig von der Bestätigung, die wir von außen erhalten.

Der Preis der Bequemlichkeit – Wie Social Media uns zu Konsumrobotern macht

In einer Welt, die zunehmend von Social Media geprägt wird, hat sich unsere Beziehung zum Konsum drastisch verändert. Was einst als individuelle Entscheidung galt, wird nun durch gezielte Algorithmen und unsichtbare Handlungsanweisungen gelenkt. Social-Media-Plattformen wie Instagram, Facebook und TikTok setzen auf die Psychologie der Verführung, um uns in einen ständigen Strudel des Konsums zu ziehen.

Ein wichtiger Aspekt, der oft überschen wird, ist, wie diese Plattformen uns die Bequemlichkeit von Sofortbefriedigung bieten. Ein Klick, ein Wisch, und schon haben wir das, was wir wollen. Doch diese schnelle Befriedigung hat ihren Preis – und dieser wird in Form von Daten, Aufmerksamkeit und Zeit bezahlt.

Die Versprechungen von Social Media sind verführerisch. „Schau dir dieses Video an, und du wirst glücklich sein", „Kauf jetzt, und du bekommst es sofort geliefert", „Like dieses Bild, und du wirst Teil einer exklusiven Community." Doch hinter all diesen Versprechungen verbirgt sich eine erhebliche Manipulation, die auf unser Bedürfnis nach Bestätigung und Zugehörigkeit abzielt.

Die Illusion der Wahlfreiheit

Durch Social Media wird uns das Gefühl gegeben, eine freie Wahl zu haben. Wir entscheiden, welchem Inhalt wir folgen, welche Marken wir unterstützen und welche Produkte wir kaufen. Doch in Wirklichkeit sind es die Algorithmen, die unsere Entscheidungen maßgeblich beeinflussen. Sie analysieren unser Verhalten, unsere Vorlieben und unsere Interaktionen, um uns Inhalte zu präsentieren, die uns dazu anregen, noch mehr zu konsumieren.

Dieser „Content-Konsum" führt nicht nur zu einer Entfremdung von der realen Welt, sondern verändert auch unser Verhalten. Wir neigen dazu, uns mit dem vermeintlich perfekten Leben anderer zu vergleichen, was zu einer ständigen Unzufriedenheit führt. Die Jagd nach der nächsten Bestätigung, sei es in Form von Likes, Kommentaren oder Followern, wird zum Ziel – und das wahre Leben wird zur Nebensache.

Der Preis der Daten

Was die meisten Menschen nicht wissen, ist der Preis, den sie mit ihren persönlichen Daten zahlen. Diese Daten werden gesammelt, analysiert und genutzt, um immer gezieltere Werbung und Inhalte zu platzieren, die uns dazu bringen, noch mehr zu konsumieren. In dieser Welt der ständigen Verfügbarkeit und Bequemlichkeit verlieren wir die Kontrolle über unsere eigenen Entscheidungen.

Wir werden nicht mehr als Individuen wahrgenommen, sondern als Datenpunkte, die es zu analysieren und zu beeinflussen gilt. Was auf den ersten Blick wie ein praktisches Tool aussieht, wird so zu einem unsichtbaren Faden, der uns durch den Alltag lenkt.

Die Zerstörung der Geduld

In einer Gesellschaft, die immer schneller, immer direkter und immer sofortiger wird, verlieren wir eine der wertvollsten Tugenden, die der Menschheit seit jeher eigen war: Geduld. Social Media hat uns in ein ständig laufendes Karussell katapultiert, in dem jeder Moment mit sofortiger Befriedigung und blitzschnellen Reaktionen gefordert wird. Doch diese schnelle Befriedigung hat ihren Preis – sie zerstört unsere Fähigkeit, geduldig zu sein, abzuwarten und in Ruhe zu reflektieren.

Das Zeitalter der sofortigen Befriedigung

Unsere Welt ist längst zu einem Ort geworden, an dem alles sofort verfügbar ist. Ein Klick genügt, um Informationen zu erhalten, mit jemandem zu kommunizieren oder ein Produkt zu kaufen. Und was uns im Moment erfreut, ist nur der Beginn eines nie endenden Stroms an neuen Reizen, die uns immer weiter treiben. Social Media verstärkt dieses Bedürfnis nach sofortiger Belohnung. Jede Benachrichtigung, jedes „Like", jeder neue Kommentar sind kleine Dosen an Dopamin, die uns immer wieder an den Bildschirm fesseln.

Doch diese schnelle Belohnung hat einen Schatten: Wir verlieren die Fähigkeit, auf etwas hinzuleben, uns Zeit zu nehmen und den Prozess des Wartens zu genießen. Anstatt zu schätzen, wie befriedigend es ist, auf etwas zu warten und es sich langsam zu erarbeiten, suchen wir ständig nach der schnellen Belohnung. Die digitale Welt hat uns zu Geschöpfen der Hast gemacht, die keine Zeit mehr haben, den Weg zu genießen. Wir sind nur noch auf das Ziel fokussiert, aber das Ziel verliert oft seinen Wert, wenn es sofort erreicht wird.

Der Verlust des Prozesses

In der digitalen Welt werden Erfolge oft in unmittelbaren Momenten gemessen. Ein erfolgreicher Post, eine gut laufende Werbung oder ein schneller Verkauf – all dies scheint die Belohnung zu sein, auf die es hinausläuft. Doch was mit dieser schnellen Belohnung einhergeht, ist der Verlust des Prozesses. Der Weg dorthin, das Lernen, das Wachsen, das Durchhalten – all das bleibt auf der Strecke.

Die sozialen Netzwerke geben uns eine Plattform, um schnelle Ergebnisse zu erzielen. Wir posten, wir teilen, wir erhalten sofort Rückmeldungen. Doch dieser sofortige Erfolg ist trügerisch. Was wir dabei verlieren, ist die Fähigkeit, Geduld aufzubringen, uns in einem langsamen, stetigen Prozess weiterzuentwickeln. Die Geduld, die für echte Erfolge nötig ist – sei es im Beruf, in Beziehungen oder bei der Verwirklichung von Zielen – wird immer mehr zur Fremdsprache.

Die Falle der Ablenkung

Es ist nicht nur die schnelle Befriedigung, die uns der Geduld beraubt – es ist auch die ständige Ablenkung. Der permanente Reiz, der durch Benachrichtigungen, Posts und Videos ausgelöst wird, zwingt uns, ständig unseren Fokus zu verlieren. Wir springen von einem Thema zum nächsten, ohne wirklich bei einer Sache zu verweilen. Jede neue Nachricht, jedes neue Bild fordert unsere Aufmerksamkeit, aber diese ständigen Unterbrechungen haben ihren Preis: Unsere Fähigkeit, in Ruhe nachzudenken, zu planen und langfristige Ziele zu verfolgen, wird stark eingeschränkt.

Ablenkung hat zur Folge, dass wir uns nicht mehr die Zeit nehmen, tiefer zu denken oder nachhaltige Entscheidungen zu treffen. Stattdessen leben wir von Moment zu Moment, in einer Welt, die uns dazu zwingt, immer nur auf das Nächste zu warten – ohne innezuhalten und die Bedeutung des Jetzt zu erkennen. Die Ablenkung wird zur Methode der Wahl, und mit ihr geht die Fähigkeit verloren, sich auf das Wesentliche zu konzentrieren.

Der Preis des schnellen Lebens

Die ständige Jagd nach sofortiger Belohnung hat nicht nur Auswirkungen auf unsere Geduld, sondern auf unser gesamtes Leben. Der schnelle Konsum von Informationen, die ständige Verfügbarkeit von Unterhaltung und die permanente Erreichbarkeit haben uns dazu gebracht, das Wesentliche zu verlieren.

Wir sind so sehr mit dem schnellen und sofortigen Leben beschäftigt, dass wir nicht mehr wissen, wie es sich anfühlt, auf etwas hinzuarbeiten, wie es sich anfühlt, durch schwierige Zeiten zu gehen, um eine Belohnung zu erhalten, die wirklich den Aufwand wert ist.

Es sind nicht die kurzen, schnellen Momente, die unser Leben wirklich bereichern – es sind die langen, geduldigen Momente, in denen wir durchhalten, in denen wir wachsen und in denen wir lernen, dass wahre Erfüllung oft nicht durch den sofortigen Erfolg kommt, sondern durch den langfristigen Prozess. Doch dieser Prozess wird zunehmend schwieriger, da wir immer mehr von der ständigen Ablenkung der digitalen Welt beansprucht werden.

Die Illusion der Freiheit

In einer Welt, die uns vorgaukelt, unendliche Freiheit zu genießen, sind wir doch zunehmend Gefangene eines Systems, das uns immer enger einschnürt. Social Media, diese vermeintliche Plattform für Ausdruck und Selbstbestimmung, hat sich zu einer der größten Fallen entwickelt, die unser Freiheitsgefühl auf eine perfide Weise manipuliert. Denn obwohl es uns das Gefühl von Kontrolle und Unabhängigkeit vermittelt, sind wir längst Sklaven unserer eigenen Gewohnheiten und der Algorithmen, die uns ständig lenken.

Freiheit auf Knopfdruck

Es scheint, als hätten wir in der digitalen Welt alles zur Hand: Wir können uns ausdrücken, mit anderen Menschen auf der ganzen Welt in Verbindung treten und unseren eigenen Raum erschaffen – und das alles mit nur wenigen Klicks. Diese vermeintliche Freiheit, jederzeit alles tun und lassen zu können, ist verführerisch. Wir glauben, dass wir die Kontrolle über unser Leben haben, dass wir in jedem Moment entscheiden können, was wir konsumieren, was wir teilen und wie wir uns darstellen.

Doch die Realität sieht anders aus. Unsere Entscheidungen sind längst nicht mehr unsere eigenen. Die Algorithmen, die Social-Media-Plattformen steuern, beeinflussen jede Entscheidung, die wir treffen. Sie haben gelernt, uns immer wieder in die Richtung zu lenken, die für sie am profitabelsten ist – nicht für uns. Was wir als Freiheit wahrnehmen, ist in Wirklichkeit die Illusion der Freiheit. Wir bewegen uns innerhalb eines Rahmens, den wir nicht einmal sehen, geschweige denn verstehen.

Die Kontrolle der Algorithmen

Was als freier Wille erscheint, ist in Wahrheit die manipulative Macht von Algorithmen, die unsere Vorlieben und Verhaltensmuster präzise analysieren und uns dann Inhalte liefern, die uns fesseln. Unsere Handlungen, unsere Interaktionen und sogar unsere Gedanken werden zunehmend von diesen unsichtbaren Maschinen gelenkt. Wir glauben, uns frei zu bewegen, aber wir sind in einem digitalen Labyrinth gefangen, dessen Wände wir nicht wahrnehmen.

Jeder Klick, jedes „Like", jede Interaktion – all das wird von den Plattformen genutzt, um uns mehr und mehr in eine Richtung zu treiben. Und je mehr wir uns einbringen, desto stärker werden wir in diesem Netz gefangen. Was einst wie eine Gelegenheit zur Selbstbestimmung aussah, hat sich zu einem feingestimmten System der Beeinflussung entwickelt. Wir sind nicht die Herrscher über unsere Entscheidungen – wir sind Marionetten in einem digitalen Theater, das von uns selbst finanziert wird.

Die Abhängigkeit von Bestätigung

Je mehr wir uns auf diese Plattformen einlassen, desto abhängiger werden wir von der Bestätigung durch andere. Wir suchen nach Anerkennung, nach Bestätigung, nach dem Gefühl, gesehen und gehört zu werden. Aber diese Bestätigung kommt nicht mehr aus unserem Inneren – sie kommt von außen, und zwar in Form von „Likes", „Followern" und Kommentaren. Das Streben nach dieser externen Bestätigung führt dazu, dass wir unsere Freiheit immer mehr aufgeben. Wir passen uns den Erwartungen anderer an, um Anerkennung zu erlangen, anstatt unsere eigenen Werte zu leben.

Diese Abhängigkeit von sozialer Bestätigung ist eine der gefährlichsten Formen der Sklaverei, die die digitale Welt hervorgebracht hat. Denn je mehr wir uns nach Bestätigung sehnen, desto mehr verlieren wir unsere Authentizität. Wir sind nicht mehr frei, uns selbst zu sein – wir sind vielmehr gezwungen, eine Rolle zu spielen, um den Erwartungen der virtuellen Welt gerecht zu werden. Unsere Individualität wird von den Algorithmen, die uns fesseln, erdrückt.

Die soziale Gefangenschaft

Was als Netzwerk der Verbindung begann, ist längst zu einem Instrument der sozialen Gefangenschaft geworden. Wir glauben, dass wir durch Social Media die Welt beeinflussen können, aber in Wahrheit beeinflusst es uns. Die Vorstellung, wir hätten die Freiheit, uns selbst auszudrücken, wird durch die ständige Notwendigkeit, uns anzupassen, untergraben.

Wir folgen den Trends, den Meinungen und den Werten, die uns vorgegeben werden, anstatt uns selbst zu verwirklichen.

Diese digitale Gefangenschaft betrifft nicht nur die Inhalte, die wir konsumieren, sondern auch die Art und Weise, wie wir uns selbst sehen. Die ständige Konfrontation mit einer idealisierten Welt führt dazu, dass wir unsere eigenen Vorstellungen von Glück, Erfolg und Schönheit in Frage stellen. Die Menschen auf den sozialen Netzwerken scheinen ein perfektes Leben zu führen – ein Leben, das wir nie erreichen können. Diese Illusion lässt uns glauben, dass unser eigenes Leben weniger wert ist. Und damit verlieren wir das Gefühl, frei zu sein – frei, uns selbst zu definieren und unser Leben auf unsere eigene Art zu leben.

Der Weg zur echten Freiheit

Um die wahre Freiheit wiederzuerlangen, müssen wir uns von den Fesseln der digitalen Welt befreien. Wir müssen die Kontrolle über unser Leben zurückgewinnen und uns nicht länger von den Erwartungen und Manipulationen der digitalen Welt lenken lassen. Echte Freiheit bedeutet, uns selbst zu erkennen, uns von äußeren Bewertungen zu lösen und unser Leben nach unseren eigenen Maßstäben zu gestalten. Nur dann können wir die Illusion der Freiheit durch die digitale Welt durchschauen und die wahre Freiheit erleben.

Die Entfremdung vom echten Leben

In einem Zeitalter, das immer digitaler wird, verlieren immer mehr Menschen den Zugang zu dem, was früher als „echtes Leben" galt. Die Welt hinter den Bildschirmen, auf der wir uns täglich bewegen, hat uns von den grundlegenden Erfahrungen entfremdet, die uns als Menschen ausmachen. Die Sinne, die Wahrnehmung der Umgebung, das Erleben von echten Gesprächen – all das gerät zunehmend in den Hintergrund. Die digitale Welt ersetzt das, was uns früher wirklich mit anderen und der Welt verbunden hat.

Die Entkoppelung von der Realität

Unsere täglichen Interaktionen finden oft nicht mehr im physischen Raum statt, sondern in einer virtuellen Blase. Wir sehen und hören die Welt durch Bildschirme, und unsere Beziehungen sind zunehmend auf Nachrichten und Posts beschränkt. Wir kommunizieren weniger direkt, weniger in der Tiefe. Der Austausch von Gedanken, Gefühlen und Erfahrungen wird durch die Filter der digitalen Medien verzerrt, und echte, tiefgehende Gespräche werden immer seltener.

Doch diese Entkoppelung von der Realität hat einen hohen Preis. Je mehr wir uns in die digitale Welt flüchten, desto mehr verlieren wir den Kontakt zu den Menschen und der Natur um uns herum. Die echten Erlebnisse, die uns prägen, geraten immer weiter aus dem Fokus. Wir leben in einer Welt der ständigen Ablenkung, in der unser Blick nicht mehr auf die Dinge gerichtet ist, die wirklich wichtig sind. Stattdessen schauen wir auf kleine Bildschirme, die uns durch die Zeit manövrieren, ohne dass wir den Moment wirklich erleben.

Der Verlust der Präsenz

Ein weiterer wichtiger Aspekt dieser Entfremdung ist der Verlust der Präsenz. In der digitalen Welt sind wir oft körperlich anwesend, doch geistig woanders. Der Blick auf das Smartphone, die ständige Überprüfung der sozialen Netzwerke – all das führt dazu, dass wir nicht mehr wirklich im Hier und Jetzt sind. Wir sind nicht wirklich bei unseren Freunden, wenn wir mit ihnen sprechen, nicht wirklich bei uns selbst, wenn wir Zeit für uns haben. Unser Körper mag im Raum sein, aber unser Geist ist in einer anderen Dimension gefangen.

Diese mangelnde Präsenz zerstört nicht nur unsere eigenen Erfahrungen, sondern auch unsere Beziehungen zu anderen. Wenn wir mit Freunden oder Familie zusammen sind und ständig auf das Handy schauen, signalisieren wir ihnen, dass wir nicht wirklich anwesend sind. Wir senden unbewusst die Botschaft, dass wir uns von der echten Welt abwenden und uns mehr für die digitale Welt interessieren. Und während wir in der digitalen Welt immer mehr Verbindungen knüpfen, verlieren wir die echten Verbindungen zu den Menschen um uns herum.

Die Illusion der sozialen Nähe

Social Media vermittelt uns das Gefühl, ständig verbunden zu sein. Wir haben Zugang zu den Leben anderer, sehen ihre Erlebnisse, ihre Gedanken und ihre Gefühle – oder zumindest das, was sie uns zeigen wollen. Doch diese scheinbare Nähe ist trügerisch. Es handelt sich um eine oberflächliche, oft verzerrte Darstellung der Realität. Die echten, komplexen, manchmal schwierigen Aspekte des Lebens kommen selten zum Vorschein. Stattdessen sehen wir eine perfekt inszenierte Version des Lebens anderer, die uns glauben lässt, dass alle anderen ein aufregendes, erfülltes Leben führen – während wir uns mit unseren eigenen

Herausforderungen und Unsicherheiten auseinandersetzen.

Dieses ständige Vergleichen führt zu einem Gefühl der Entfremdung. Wir fühlen uns immer weiter von den anderen entfernt, obwohl wir scheinbar in ständiger Verbindung stehen. Die digitalen Netzwerke schaffen eine Illusion der Nähe, während sie uns in Wirklichkeit voneinander entfremden. Wir fühlen uns verbunden, ohne wirklich zu wissen, wie es dem anderen geht, was ihn wirklich bewegt oder wie er sich fühlt.

Diese Entfremdung ist eine der größten Gefahren der digitalen Ära: Sie nimmt uns die Fähigkeit, echte, tiefgehende Beziehungen zu führen und das Leben in seiner vollen Tiefe zu erleben.

Der Weg zurück zum echten Leben

Es gibt jedoch Hoffnung. Um die Entfremdung vom echten Leben zu überwinden, müssen wir uns bewusst entscheiden, den digitalen Raum zu betreten – und ihn ebenso bewusst wieder zu verlassen. Wir müssen wieder lernen, den Moment zu leben, die Präsenz zu genießen und echte Gespräche zu führen. Das bedeutet, sich aktiv von den Ablenkungen der digitalen

Welt zu befreien und die Welt um uns herum mit allen Sinnen zu erleben.

Wir müssen uns wieder auf das konzentrieren, was wirklich zählt: auf unsere Beziehungen, auf die kleinen Dinge, die uns im Alltag begegnen, auf die Natur, auf die Momente der Stille. Echte Nähe entsteht nicht durch Posts oder Likes, sondern durch echte Begegnungen, in denen wir uns öffnen, uns zuhören und uns wirklich verstehen. Der Weg zurück zum echten Leben erfordert Mut, Selbstreflexion und die Bereitschaft, sich von der digitalen Welt zu distanzieren – auch wenn es schwerfällt. Doch es ist der einzige Weg, um unsere Menschlichkeit zu bewahren und wieder in einer Welt zu leben, die uns wirklich bereichert.

Die Illusion von Kontrolle und die Sucht nach Bestätigung

In der Welt der sozialen Medien und digitalen Plattformen herrscht eine trügerische Illusion von Kontrolle. Wir glauben, dass wir die Macht haben, unsere Online-Welt nach unseren Wünschen zu gestalten, dass wir selbst bestimmen, welche Inhalte wir konsumieren und wie wir uns präsentieren. Doch in Wahrheit sind wir nicht so frei, wie es scheint. Die Algorithmen, die unsere Feeds steuern, und die ständige Jagd nach Likes, Kommentaren und Followern lenken uns mehr, als wir es wahrhaben wollen. Wir verlieren uns in der Illusion, dass diese äußere Bestätigung unser wahres Selbst widerspiegelt.

Die Macht der Algorithmen

Jeder Klick, jeder „Gefällt mir"-Button, jedes Teilen oder Kommentieren wird von uns als ein Akt der Kontrolle wahrgenommen. Doch in Wirklichkeit sind diese Entscheidungen längst von Algorithmen gesteuert. Sie wissen genau, welche Inhalte wir sehen wollen und wie sie uns dazu bringen, immer wieder auf den Bildschirm zu schauen. Die Plattformen sind darauf ausgelegt, uns zu fesseln, uns zu ermutigen, immer mehr zu konsumieren, um uns in einem endlosen Strudel aus Ablenkung und Selbstbestätigung zu halten.

Diese Mechanismen schaffen eine falsche Vorstellung von Kontrolle. Wir denken, wir würden aktiv unsere Inhalte auswählen, doch tatsächlich sind es die Algorithmen, die uns vorgeben, was wir zu sehen bekommen. Die ständig wechselnden Trends und der Drang, immer wieder Neues zu posten, stellen sicher, dass wir nie wirklich zur Ruhe kommen. Stattdessen sind wir immer auf der Jagd nach dem nächsten Post, dem nächsten Bild, dem nächsten Moment der Bestätigung.

Die Sucht nach Bestätigung

Es ist ein teuflischer Kreislauf: Wir posten, um gesehen zu werden. Wir hoffen, dass unsere Beiträge Anerkennung finden, dass wir „Likes" und Kommentare erhalten, die uns das Gefühl geben, dass wir in der digitalen Welt etwas Wertvolles beitragen. Doch genau diese Bestätigung wird zunehmend zu einer Sucht. Jeder neue „Like" wird zu einem kleinen Sieg, der uns kurzfristig befriedigt, uns ein Gefühl von Anerkennung und Zugehörigkeit gibt. Doch diese Bestätigung ist flüchtig und hängt von äußeren Faktoren ab, die wir nicht kontrollieren können. Der Moment der Freude ist schnell vorbei, und wir streben erneut nach der nächsten Dosis.

Diese Sucht nach Bestätigung verändert unser Verhalten. Wir beginnen, uns selbst durch die Augen der anderen zu sehen, anstatt aus einer authentischen, inneren Perspektive heraus zu leben. Wir messen unseren Wert an der Zahl der Follower, der Kommentare und der „Likes". Unsere Identität wird zunehmend von der digitalen Welt geprägt, anstatt von dem, was wir wirklich sind und was uns wirklich wichtig ist.

Die Entfremdung vom echten Selbst

Durch diese ständige Jagd nach Anerkennung verlieren wir zunehmend das Gefühl für unser wahres Selbst. Wir fangen an, uns selbst und unsere Entscheidungen immer mehr an den Erwartungen anderer auszurichten. Unsere Posts und Bilder werden nicht mehr von unseren eigenen Werten oder Gefühlen bestimmt, sondern von dem, was gerade angesagt ist, was die Mehrheit gutheißt oder was am meisten Aufmerksamkeit erregt. In diesem Prozess verlieren wir uns selbst. Unsere Identität wird durch die digitale Außenwelt definiert, statt aus unserem Inneren heraus.

Diese Entfremdung vom eigenen Selbst hat tief-greifende Auswirkungen. Wir fragen uns nicht mehr, was wir wirklich wollen oder was uns glücklich macht. Stattdessen suchen wir ständig nach externen Quellen der Bestätigung. Der Druck, den diese ständige Jagd nach Likes und Aufmerksamkeit auf uns ausübt, führt zu Unsicherheit, Unzufriedenheit und einem Gefühl der Leere. Je mehr wir uns von der Anerkennung anderer abhängig machen, desto mehr verlieren wir den Kontakt zu uns selbst.

Der Weg zurück zu echtem Selbstwert

Um aus diesem Teufelskreis auszubrechen, müssen wir den Wert von Selbstbestimmung und innerer Zufriedenheit wieder entdecken. Statt uns ständig von der digitalen Bestätigung abhängig zu machen, müssen wir lernen, unseren Wert aus uns selbst heraus zu definieren. Es geht nicht mehr um die Zahl der Follower oder die Menge an „Likes", sondern um das Verständnis, dass wahre Erfüllung aus einer authentischen Verbindung zu uns selbst und zu den Menschen um uns herum kommt. Wir müssen lernen, uns selbst zu schätzen, ohne die ständige Bestätigung von außen zu benötigen.

Es erfordert Mut und Selbstreflexion, sich von der Sucht nach Bestätigung zu befreien und den Weg zu einem authentischen Leben zurückzufinden. Aber dieser Weg ist notwendig, um wieder eine echte Verbindung zu uns selbst zu schaffen und uns nicht von der flüchtigen Anerkennung der digitalen Welt bestimmen zu lassen.

Die sozialen Medien und das Verblassen der echten Beziehungen

In einem sozialen Umfeld, das zunehmend von sozialen Medien dominiert wird, verändert sich auch die Art und Weise, wie wir Beziehungen pflegen und kommunizieren. Was einst intime Gespräche und tiefgründige Bindungen waren, wird nun oft durch oberflächliche Interaktionen ersetzt. Die sozialen Netzwerke bieten eine scheinbar einfache Möglichkeit, mit anderen in Kontakt zu bleiben, aber diese Verbindungen sind meist nur Illusionen. Sie verhindern echte, tiefgehende Beziehungen und fördern stattdessen eine oberflächliche Kommunikation, die oft nur darauf abzielt, das eigene Image zu pflegen oder die eigene Beliebtheit zu steigern.

Die Oberflächlichkeit der digitalen Kommunikation

Früher war es üblich, dass Menschen sich in echten Gesprächen austauschten, ihre Gedanken und Gefühle teilten, und diese Interaktionen gaben den Beziehungen Tiefe. Heutzutage ist die Kommunikation über soziale Medien jedoch oft nur ein flüchtiger Austausch von Bildern, kurzen Kommentaren oder Emojis. Diese Form der Kommunikation vermittelt nur einen Bruchteil dessen, was ein echtes Gespräch ausmacht. Wir teilen Ausschnitte aus unserem Leben, die oft kuratiert und bearbeitet sind, anstatt authentische Momente zu zeigen.

Die Interaktionen in sozialen Medien sind in der Regel oberflächlich. Ein „Gefällt mir"-Button oder ein Kommentar kann uns zwar das Gefühl geben, gesehen und gehört zu werden, aber sie ersetzen nicht die tiefgründige Verbindung, die durch persönliche Gespräche und echte Emotionen entsteht. Es ist ein schneller, oberflächlicher Austausch, der es schwierig macht, wirklich intime Beziehungen zu entwickeln.

Die falsche Nähe der digitalen Welt

Ein weiteres Problem der sozialen Medien ist die falsche Nähe, die sie vermitteln. Wir glauben, dass wir mit den Menschen, mit denen wir online verbunden sind, eine enge Beziehung haben. Wir sehen ihre Posts, wissen, was sie essen, wohin sie reisen, welche Bücher sie lesen. Doch diese ständige „Verfügbarkeit" ihrer persönlichen Details täuscht uns oft darüber hinweg, dass wir uns eigentlich immer noch nur durch einen Bildschirm kennen.

Die digitale Welt hat eine Illusion von Nähe erschaffen, die in Wirklichkeit keine echte Nähe ist. Wir kennen die Menschen nicht wirklich, mit denen wir online kommunizieren. Es gibt keine Körpersprache, keine nonverbale Kommunikation, keine echten Emotionen, die wir wahrnehmen können. Wir erleben nur einen Ausschnitt aus ihrem Leben, der oft bearbeitet und inszeniert ist. Diese künstliche Nähe kann uns das Gefühl geben, mit jemandem verbunden zu sein, obwohl wir tatsächlich weit voneinander entfernt sind.

Die Vernachlässigung echter sozialer Bindungen

Die ständige Nutzung sozialer Medien hat auch dazu geführt, dass wir unsere echten Beziehungen vernachlässigen. Wir verbringen mehr Zeit damit, uns mit Menschen über digitale Kanäle zu verbinden, als mit ihnen von Angesicht zu Angesicht zu sprechen. Diese oberflächlichen digitalen Kontakte ersetzen oft die wertvollen, tiefgehenden Gespräche mit Freunden und Familie. In einer Welt, die ständig „online" ist, verlieren wir die Fähigkeit, uns auf echte, menschliche Verbindungen zu konzentrieren.

Es ist verlockend, sich in der digitalen Welt zu verlieren, da sie sofortige Befriedigung und Anerkennung bietet. Doch diese flüchtigen Kontakte können uns auf lange Sicht nicht die tiefe, emotionale Unterstützung bieten, die wir als Menschen wirklich brauchen. Echtes Verständnis, echte Empathie und wahre Freundschaft entstehen nicht durch oberflächliche Likes oder Emojis, sondern durch echte Gespräche und gemeinsame Erlebnisse.

Der Verlust der Fähigkeit, tiefgehende Gespräche zu führen

Eine der größten Auswirkungen der digitalen Welt auf unsere Beziehungen ist die zunehmende Schwierigkeit, tiefgehende Gespräche zu führen. In einer Zeit, in der Kommunikation zunehmend schnell, fragmentiert und oft oberflächlich ist, verlieren wir die Fähigkeit, uns wirklich zuzuhören und aufeinander einzugehen. Die ständige Ablenkung durch Nachrichten, Benachrichtigungen und neue Inhalte lässt uns immer wieder vom Wesentlichen ablenken und verhindert, dass wir uns wirklich auf einen Menschen und das Gespräch mit ihm einlassen.

Echte Gespräche, die uns auf einer tiefen emotionalen Ebene verbinden, werden immer seltener. Stattdessen dominieren schnelle, flüchtige Gespräche, die kaum mehr als einen Austausch von oberflächlichen Informationen bieten. Wir verlieren die Fähigkeit, uns wirklich auf jemanden einzulassen und ihm zuzuhören, ohne ständig an unser Smartphone oder die nächste Benachrichtigung zu denken.

Die Sehnsucht nach echten Verbindungen

Trotz all der digitalen Oberflächlichkeit bleibt die Sehnsucht nach echten, tiefgründigen Beziehungen in uns. Wir wollen mehr als nur flüchtige Interaktionen – wir sehnen uns nach echten Gesprächen, nach echten Freunden und nach emotionaler Unterstützung. Doch diese Verbindungen sind in der digitalen Welt immer schwieriger zu finden. Während soziale Medien uns mit der Welt verbinden, trennen sie uns gleichzeitig von den Menschen, die uns am meisten bedeuten.

Die Herausforderung besteht darin, die Balance zwischen der digitalen Welt und den echten, physischen Beziehungen zu finden. Wir müssen uns bewusst von der flimmernden Oberfläche der sozialen Medien abwenden und wieder echte Gespräche führen. Die wahre Bedeutung von Freundschaft, Vertrauen und Unterstützung liegt nicht in der Anzahl der Follower, sondern in der Tiefe und Authentizität der Beziehungen, die wir pflegen.

Die Sucht nach Bestätigung und die Gefahr des Selbstverlustes

In den sozialen Medien ist der Drang nach Bestätigung eine der stärksten Triebkräfte hinter unserem Verhalten. Likes, Kommentare und Follower-Zahlen werden zu einer Währung, die den Selbstwert steigert und uns das Gefühl gibt, gesehen zu werden. Doch diese Form der Anerkennung ist trügerisch und oberflächlich. Sie basiert nicht auf echten, stabilen Verbindungen oder der wahren Wertschätzung unserer Person, sondern auf einem flüchtigen, digitalen Anerkennungsmechanismus, der mehr Schaden anrichten kann, als uns bewusst ist.

Die ständige Suche nach Bestätigung

Jeder Post, jedes Bild und jede Nachricht auf sozialen Medien werden von uns mit einer unbewussten Erwartungshaltung versehen: der Hoffnung auf positive Rückmeldungen. Es ist eine Sucht, die uns dazu bringt, immer wieder zu unseren Geräten zu greifen und nach den nächsten Bestätigungen zu suchen. Wir fühlen uns gut, wenn wir eine hohe Zahl an Likes oder positiven Kommentaren erhalten, und schlecht, wenn die Resonanz ausbleibt. Diese unaufhörliche Jagd nach Bestätigung kann uns in einen Zustand versetzen, in dem wir uns ständig mit der Meinung anderer messen und unser eigenes Selbstwertgefühl davon abhängig machen.

Die Wahrheit ist jedoch, dass diese Bestätigung in der digitalen Welt vergänglich und unecht ist. Sie hängt nicht von unseren wahren Qualitäten oder dem, was wir wirklich erreicht haben, ab, sondern davon, wie unser Profil von anderen wahrgenommen wird. Diese Form der Anerkennung ist wie ein zuckerhaltiger Snack: Sie bietet kurzzeitig eine angenehme Belohnung, lässt uns jedoch immer hungriger nach mehr zurück, ohne uns wirklich zu sättigen.

Die Gefahr des Selbstverlustes

Die Suche nach Anerkennung in den sozialen Medien kann uns dazu bringen, unser eigenes Selbst zu verlieren. Wir beginnen, uns ständig zu fragen, was andere von uns erwarten, und stellen uns selbst in eine Rolle, die den Erwartungen anderer entspricht, anstatt unser wahres Ich zu leben. Wir passen uns an Trends an, suchen nach Wegen, uns in der digitalen Welt beliebt zu machen, und vergessen dabei, was uns wirklich wichtig ist.

Diese Anpassung an die Wünsche und Vorstellungen anderer führt dazu, dass wir unsere eigenen Werte, Interessen und Identität aus den Augen verlieren. Wir verhalten uns nicht mehr so, wie wir wirklich sind, sondern so, wie wir glauben, dass wir wahrgenommen werden wollen. Diese ständige Inszenierung führt zu einem inneren Konflikt, der uns von unserem wahren Selbst entfremdet.

Die negativen Auswirkungen auf die Psyche

Die ständige Suche nach Bestätigung und das ständige Vergleichen mit anderen haben auch tiefgreifende Auswirkungen auf unsere Psyche. Wenn wir uns ständig in einer digitalen Welt aufhalten, in der der Erfolg in Zahlen gemessen wird, können wir unser eigenes Leben und unsere eigenen Leistungen als unzureichend empfinden. Der Vergleich mit den scheinbar perfekten Leben anderer Menschen, die auf ihren Social-Media-Profilen präsentiert werden, kann uns das Gefühl geben, nicht genug zu sein. Die ständige Bestätigung durch andere wird zur Narkose, die uns von den wirklich wichtigen Dingen im Leben ablenkt.

Diese Form der Selbstwertschätzung führt zu einer ständigen Unzufriedenheit. Wir sind nie wirklich zufrieden mit dem, was wir haben oder wer wir sind, weil wir uns ständig nach mehr Bestätigung sehnen. Diese Sucht kann uns isolieren und unser eigenes Selbstwertgefühl zerstören.

Die Illusion der perfekten Welt

Die digitale Welt bietet uns eine perfekte Illusion. Auf Social-Media-Profilen sehen wir nur das Beste aus dem Leben anderer – die schönsten Momente, die erfolgreichsten Erlebnisse und die unaufhörliche Reihe von glücklichen Augenblicken.

Diese Illusion führt dazu, dass wir unser eigenes Leben in den Vergleich stellen und uns minderwertig fühlen, wenn wir nicht denselben Erfolg oder das gleiche Glück erleben.

Die wahre Gefahr dieser digitalen Perfektion ist, dass sie uns daran hindert, das Leben zu schätzen, das wir tatsächlich führen. Anstatt unsere eigenen einzigartigen Erlebnisse und Herausforderungen zu feiern, streben wir ständig nach einem Ideal, das nur auf einem Bildschirm existiert. Die Jagd nach einem perfekt inszenierten Leben raubt uns den Blick auf die Schönheit der unperfekten, realen Welt.

Der Weg zur Authentizität

Die Befreiung von der Sucht nach Bestätigung beginnt mit der Erkenntnis, dass wahre Anerkennung nicht von äußeren, oberflächlichen Quellen kommt, sondern von uns selbst. Wir müssen lernen, uns nicht ständig mit anderen zu vergleichen und unser eigenes Leben als wertvoll zu erkennen – unabhängig von der Resonanz, die wir auf sozialen Medien erhalten.

Der Weg zu einem authentischen Leben erfordert, dass wir uns von den Erwartungen anderer lösen und uns auf das konzentrieren, was uns wirklich erfüllt. Wir müssen den Mut finden, unser wahres Ich zu leben, auch wenn es nicht perfekt ist. Echte Bestätigung kommt nicht von Likes oder Kommentaren, sondern von der inneren Zufriedenheit, die entsteht, wenn wir uns selbst und unser Leben akzeptieren.

Es ist wichtig, sich der Illusion der digitalen Welt bewusst zu werden und sich von der Sucht nach äußerer Bestätigung zu befreien. Wenn wir den Fokus wieder auf uns selbst und unser wahres Leben richten, können wir die digitale Scheinwelt hinter uns lassen und in die echte Welt zurückkehren – in eine Welt, in der unsere authentischen Beziehungen und Erfahrungen der wahre Maßstab für Erfolg und Zufriedenheit sind.

Die Schaffung einer authentischen Online-Präsenz

In der heutigen digitalen Ära, in der fast jeder von uns in irgendeiner Form online präsent ist, wird es immer schwieriger, den wahren Kern eines Menschen hinter der Fassade der perfekten digitalen Welt zu erkennen. Doch während die sozialen Medien viele Möglichkeiten bieten, sich zu vernetzen und auszudrücken, haben sie auch die Tendenz, uns zu zwingen, eine Identität zu präsentieren, die oft nicht mit dem übereinstimmt, wer wir wirklich sind. Die Schaffung einer authentischen Online-Präsenz erfordert mehr als nur das Teilen von Momenten und Gedanken – es geht darum, sich selbst treu zu bleiben und mit einer ehrlichen, unverfälschten Stimme zu sprechen.

Der Druck der perfekten Online-Welt

Auf Plattformen wie Instagram, TikTok und Facebook gibt es eine unausgesprochene Norm, dass alles, was geteilt wird, perfekt und makellos erscheinen muss. Fotos werden bearbeitet, Geschichten werden überarbeitet, und das wahre Leben bleibt oft hinter den Kulissen verborgen. Dieser Druck, eine "perfekte" Version von uns selbst zu zeigen, kann enorm sein, besonders wenn wir unsere Selbstwahrnehmung zu sehr von der Wahrnehmung anderer abhängig machen.

Doch diese Scheinwelt ist nicht nur eine Lüge, sondern eine Falle, die uns von unserem wahren Ich entfremdet. Wer sind wir wirklich, wenn wir uns nicht ständig mit der bestmöglichen Version von uns selbst vergleichen? Eine authentische Online-Präsenz bedeutet, das Risiko einzugehen, ungeschönt und unperfekt zu sein. Aber genau in dieser Authentizität liegt die wahre Stärke.

Warum Authentizität wichtig ist

Authentizität bedeutet, dass wir uns selbst treu bleiben, unabhängig davon, was die digitale Welt von uns erwartet. In einer Welt, in der so viele Profile eine inszenierte Perfektion widerspiegeln, sticht eine ehrliche, ungeschönte Darstellung hervor. Menschen sehnen sich nach echter Verbindung und sind eher bereit, sich mit jemandem zu identifizieren, der seine echten Gefühle und Gedanken teilt, anstatt sich von einem perfektionierten Bild täuschen zu lassen.

Eine authentische Online-Präsenz schafft Vertrauen. Wenn wir ehrlich sind, wird uns das nicht nur von anderen Menschen zugutekommen, sondern auch für unser eigenes Wohlbefinden entscheidend sein. Wir müssen uns nicht verbiegen oder eine Rolle spielen, um Anerkennung zu finden. Stattdessen können wir uns darauf konzentrieren, unsere wahren Leidenschaften und Interessen zu teilen, ohne uns Gedanken darüber zu machen, wie "perfekt" oder "akzeptiert" wir in den Augen anderer sind.

Die Angst vor Kritik und Ablehnung überwinden

Eine der größten Hürden, die Menschen daran hindert, authentisch zu sein, ist die Angst vor Kritik und Ablehnung. In der digitalen Welt, in der jeder eine Meinung zu allem hat, kann diese Angst sehr stark sein. Wir fürchten uns davor, negativ beurteilt zu werden, und daher neigen wir dazu, uns selbst zu zensieren oder das, was wir teilen, zu überdenken.

Doch gerade diese Angst kann uns in eine Falle locken, in der wir ständig versuchen, es allen recht zu machen und uns selbst zu verlieren. Der erste Schritt in Richtung Authentizität ist, diese Angst zu konfrontieren. Es gibt immer Menschen, die Kritik üben werden, aber ihre Meinung ist nicht die alleinige Wahrheit. Jeder Mensch hat seine eigene Perspektive, und die wahre Stärke liegt darin, zu wissen, wer man selbst ist und sich nicht von den Meinungen anderer definieren zu lassen.

Die Balance zwischen Privatsphäre und Transparenz

Authentizität bedeutet nicht, dass wir alles aus unserem Leben teilen müssen. Es geht nicht darum, jedes Detail unserer persönlichen Geschichte zu enthüllen oder unsere tiefsten Ängste und Sorgen zu veröffentlichen. Stattdessen geht es darum, eine Balance zwischen Privatsphäre und Transparenz zu finden. Wir sollten den Mut haben, einen Teil von uns zu zeigen, ohne uns gezwungen zu fühlen, alles preiszugeben.

Die richtige Balance zu finden, erfordert ein gewisses Maß an Selbstreflexion. Was sind die Aspekte meines Lebens, die ich teilen möchte, um anderen zu helfen oder eine authentische Verbindung zu schaffen, ohne dabei meine persönliche Grenze zu überschreiten? Es geht darum, bewusst und achtsam mit dem, was wir teilen, umzugehen.

Echte Verbindungen aufbauen

Die wahre Magie einer authentischen Online-Präsenz liegt in den Verbindungen, die wir aufbauen können. Anstatt in der Masse unterzugehen oder nur oberflächliche Interaktionen zu haben, eröffnet uns eine ehrliche und offene Präsenz die Möglichkeit, echte Beziehungen zu entwickeln. Wir sprechen Menschen an, die ähnliche Werte und Interessen teilen, und schaffen so eine Gemeinschaft von Gleichgesinnten.

Echte Verbindungen entstehen nicht durch den ständigen Drang nach Aufmerksamkeit, sondern durch die Bereitschaft, zu geben, zu teilen und zuzuhören. Wenn wir uns zeigen, wie wir wirklich sind, werden wir von Menschen gefunden, die uns in unserer Echtheit schätzen und unterstützen.

Der Weg zur Authentizität

Die Schaffung einer authentischen Online-Präsenz ist ein Prozess, der Zeit und Übung erfordert. Es ist ein Weg, auf dem wir lernen, uns von der Jagd nach Bestätigung zu lösen und stattdessen darauf zu fokussieren, unsere echten Gedanken, Gefühle und Werte zu teilen. Wir müssen uns selbst bewusst sein und entscheiden, welche Teile unseres Lebens wir mit der Welt teilen möchten.

Der Weg zur Authentizität ist nicht immer einfach, aber er ist unglaublich befreiend. Wenn wir uns selbst akzeptieren und in der digitalen Welt genauso zeigen, wie wir sind, können wir eine tiefere und bedeutungsvollere Verbindung zu uns selbst und anderen herstellen.

Die Folgen der ständigen Bestätigungssuche

In der digitalen Welt, in der Likes, Kommentare und Shares den sozialen Erfolg messen, sind wir ständig auf der Jagd nach Bestätigung. Dieser Drang nach Anerkennung hat uns in einen Zyklus der Suche nach äußerer Bestätigung hineingezogen – und das kann schwerwiegende Folgen für unser emotionales und psychisches Wohlbefinden haben. Es ist verlockend, sich von der Meinung anderer abhängig zu machen, doch genau diese Bestätigungssuche kann uns in eine gefährliche Abhängigkeit treiben.

Die Verlockung der virtuellen Anerkennung

Jeder von uns kennt das Gefühl: Ein Beitrag, ein Foto oder ein Video, das wir online stellen, bekommt plötzlich eine Flut von Likes und Kommentaren. Zunächst fühlen wir uns großartig – die Anerkennung scheint unser Selbstwertgefühl zu steigern. Doch dieser anfängliche Hochflug ist oft nur von kurzer Dauer. Der Drang nach mehr Anerkennung wird schnell wieder geweckt. Wir posten mehr, hoffen auf noch mehr Likes, und lassen uns von der positiven Rückmeldung treiben.

Dieser ständige Kreislauf der Bestätigung ist eine der größten Fallen der sozialen Medien. Der Wunsch nach Anerkennung wird zur Sucht, die uns dazu verleitet, immer mehr von uns selbst preiszugeben, oft ohne dabei zu erkennen, dass wir uns dadurch von unserem wahren Selbst entfernen. Unsere Identität wird zunehmend von den Reaktionen anderer bestimmt, und das führt dazu, dass wir uns immer mehr nach äußerer Bestätigung sehnen.

Der Selbstwert im digitalen Zeitalter

Der problematische Teil dieser Bestätigungssuche ist, dass sie direkt mit unserem Selbstwertgefühl verknüpft ist. Früher, in einer weniger digitalisierten Welt, hatten wir mehr Kontrolle darüber, wie wir uns selbst wahrnahmen und wie wir uns in die Gesellschaft einfügten. Doch in der Ära von Instagram und Facebook wird unser Selbstwert zunehmend durch die Meinungen anderer Menschen gemessen.

Ein einzelner Kommentar oder ein Like kann den Unterschied zwischen einem positiven und einem negativen Selbstbild ausmachen. Wenn ein Beitrag viele Likes erhält, fühlt man sich bestätigt, wenn er jedoch ignoriert wird oder negative Rückmeldungen kommt, sinkt das Selbstwertgefühl. Diese ständigen Schwankungen sind nicht nur erschöpfend, sondern können langfristig zu einem Gefühl der Leere und Unzufriedenheit führen.

Die Gefahr der Vergleiche

Ein weiterer gefährlicher Aspekt der Bestätigungssuche ist der Drang, sich ständig mit anderen zu vergleichen. Social Media ist eine Bühne, auf der jeder seine besten Momente zeigt – die schönen Reisen, das perfekte Outfit, die glückliche Beziehung. Doch hinter all diesen Bildern verbirgt sich oft ein anderes, weniger glanzvolles Bild des Lebens. Wenn wir uns ständig mit anderen messen, verlieren wir den Blick für das, was wir selbst wirklich erreicht haben und was uns glücklich macht.

Das ständige Vergleichen führt zu Neid und Unzufriedenheit. Anstatt uns für die Erfolge anderer zu freuen, neigen wir dazu, uns minderwertig zu fühlen, weil wir uns in einem unaufhörlichen Wettlauf um Anerkennung und Status befinden. Das Bild, das wir von uns selbst haben, wird zunehmend durch diese äußeren Vergleiche verzerrt, wodurch wir unsere eigenen Erfolge und Fortschritte nicht mehr wahrnehmen können.

Die emotionale Erschöpfung durch ständige Validierung

Der Drang, ständig von anderen bestätigt zu werden, führt zu einer erschöpfenden emotionalen Belastung. Wenn unser Selbstwertgefühl so stark von externen Quellen abhängt, verlieren wir die Fähigkeit, uns selbst zu schätzen, unabhängig von der Anerkennung, die wir erhalten. Jede negative Rückmeldung oder jede Nichtbeachtung kann uns emotional entmutigen und in eine Spirale der Selbstkritik stürzen.

Langfristig kann diese emotionale Erschöpfung zu einem Zustand der Leere führen, in dem wir nicht mehr wissen, wer wir wirklich sind, außer der Person, die wir online präsentieren. Wir verlieren den Zugang zu unseren eigenen Werten und Prioritäten und fühlen uns oft ausgebrannt und überfordert. Die ständige Suche nach Anerkennung wird zu einer Droge, die uns zwar kurzfristig ein gutes Gefühl gibt, aber auf lange Sicht nur unsere innere Ruhe und unser Selbstbewusstsein zerstört.

Die Rückkehr zu innerer Selbstbestätigung

Um dieser Falle zu entkommen, müssen wir lernen, unseren Wert unabhängig von der digitalen Welt zu erkennen. Es geht nicht darum, das Streben nach Anerkennung komplett zu verwerfen, sondern darum, uns von der Kontrolle dieser Bestätigung zu befreien und wieder zu einem gesunden Selbstwertgefühl zurückzufinden.

Es ist wichtig, uns selbst regelmäßig daran zu erinnern, dass wir nicht nur durch äußere Bestätigung wertvoll sind. Unser Wert ist nicht an die Zahl der Likes oder Kommentare gebunden. Vielmehr liegt er in den Dingen, die wir tun, in den Beziehungen, die wir pflegen, und in der Art und Weise, wie wir uns selbst respektieren und lieben.

Indem wir lernen, uns selbst zu validieren, können wir die Kontrolle über unser Leben zurückgewinnen. Der Weg zu innerer Selbstbestätigung bedeutet, sich von der digitalen Welt nicht mehr definieren zu lassen und sich bewusst von der Sucht nach externer Anerkennung zu lösen. Das wahre Wohlgefühl entsteht nicht von außen, sondern von innen.

Die Bedeutung der realen Welt

Es ist auch entscheidend, dass wir uns wieder mehr auf die reale Welt und auf die echten, tiefen Beziehungen konzentrieren. In einer Zeit, in der soziale Medien immer mehr die Oberhand gewinnen, verlieren wir oft den Kontakt zu dem, was wirklich zählt: echte Begegnungen und authentische, bedeutungsvolle Verbindungen. Diese Beziehungen bieten die beständigste Quelle der Bestätigung – nicht durch oberflächliche Likes, sondern durch echtes Verständnis und Unterstützung.

Indem wir uns wieder auf die Realität und auf echte Beziehungen fokussieren, können wir unsere Abhängigkeit von der digitalen Bestätigung überwinden und ein erfüllteres, selbstbestimmteres Leben führen.

Der Einfluss von Social Media auf die Erziehung – Die verkürzte Aufmerksamkeitsspanne und ihre Folgen

Social Media hat einen enormen Einfluss auf die Erziehung und die Entwicklung von Kindern und Jugendlichen. Besonders die Auswirkungen auf die Aufmerksamkeitsspanne durch Plattformen wie TikTok sind ein sehr relevantes Thema, das viele Eltern und Erzieher betrifft.

Die digitale Revolution hat die Art und Weise, wie wir kommunizieren und Informationen verarbeiten, grundlegend verändert. Besonders Plattformen wie TikTok, Instagram und YouTube haben nicht nur die Unterhaltung geprägt, sondern auch die Art und Weise, wie jüngere Generationen lernen und sich mit der Welt auseinandersetzen. Die ständige Verfügbarkeit von kurzen, schnellen Inhalten hat jedoch einen Preis – und dieser Preis wird zunehmend sichtbar: die dramatische Verkürzung der Aufmerksamkeitsspanne.

Die Ära der Kurzlebigkeit: Schnelle Reize und ihre Folgen

Früher wurden Kinder und Jugendliche dazu ermutigt, sich mit längeren Texten, Filmen und tiefgehenden Diskussionen auseinanderzusetzen. Heute hingegen sind sie ständig von schnellen Reizen umgeben: kurze Videos, ständig wechselnde Inhalte und eine Flut an Informationen, die in wenigen Sekunden konsumiert werden. TikTok mit seinen kurzen Clips von maximal 60 Sekunden, Instagram-Stories oder YouTube Shorts sind Paradebeispiele für diese neue Ära der Informationsverarbeitung. Was auf den ersten Blick unterhaltsam und harmlos erscheint, hat jedoch tiefgreifende Auswirkungen auf die Art und Weise, wie junge Menschen die Welt wahrnehmen.

Die ständige schnelle Abfolge von Eindrücken und die Notwendigkeit, ständig neue Inhalte zu konsumieren, führt zu einer Oberflächlichkeit im Denken. Anstatt sich länger mit einem Thema auseinanderzusetzen, springen die jungen Nutzer von einem Video zum nächsten, ohne wirklich eine tiefergehende Verbindung zu den Inhalten aufzubauen. Diese „kognitive Schnelllebigkeit" hat nicht nur Auswirkungen auf ihre Fähigkeit, sich zu konzentrieren, sondern auch auf ihre kritische Denkfähigkeit. Sie sind es gewohnt, dass Informationen in einer Häppchenform präsentiert werden, die wenig Raum für Reflexion oder tiefes Verständnis lässt.

Verkürzte Aufmerksamkeitsspanne – Wie sich das Lernen verändert

Die verkürzte Aufmerksamkeitsspanne ist nicht nur ein Nebenprodukt der schnellen Unterhaltung, sondern hat auch ernsthafte Auswirkungen auf den Lernprozess. Studien zeigen, dass die Fähigkeit, sich über längere Zeiträume auf komplexe Aufgaben zu konzentrieren, bei vielen jungen Menschen stark gesunken ist. Dies betrifft sowohl die Schule als auch die Freizeit: Kinder, die früher stundenlang in ein Buch vertieft sein konnten, finden es nun zunehmend schwieriger, sich auf eine Aufgabe zu konzentrieren, die länger als ein paar Minuten dauert.

Das Problem wird durch die Art und Weise verstärkt, wie Social Media diese unruhige Energie verstärkt. Eine ständige Ablenkung durch Benachrichtigungen, neue Posts und das Bedürfnis, sofort auf alles zu reagieren, macht es nahezu unmöglich, sich auf eine einzige Sache zu konzentrieren. Diese ständige Zerstreuung fördert nicht nur eine flüchtige Aufmerksamkeit, sondern auch eine zunehmende Unfähigkeit, sich mit komplexeren Ideen und längeren Texten auseinanderzusetzen.

Die Auswirkungen auf die Kreativität und Problemlösungsfähigkeiten

Ein weiterer Aspekt, der oft übersehen wird, ist die Auswirkung auf die Kreativität und die Fähigkeit zur Problemlösung. Kreativität erfordert Zeit und Muße – zwei Dinge, die in der Welt der ständigen Benachrichtigungen und kurzen Inhalte immer mehr zur Seltenheit werden. Kinder, die in einer Umgebung aufwachsen, die ständig nach ihrer Aufmerksamkeit ruft, lernen oft nicht, sich selbst zu beschäftigen oder kreativ zu denken.

Sie sind es gewohnt, ständig neue Anreize zu erhalten, und verlieren die Fähigkeit, tiefer in ihre eigenen Gedanken einzutauchen oder kreative Lösungen zu entwickeln.

Auch die Problemlösungsfähigkeiten werden durch diese ständige Zerstreuung beeinträchtigt. Die ständige Verfügbarkeit von schnellen Antworten und Lösungen durch das Internet hat dazu geführt, dass viele junge Menschen Schwierigkeiten haben, Probleme eigenständig zu lösen. Anstatt über Lösungen nachzudenken, greifen sie oft sofort auf vorgefertigte Antworten oder Videos zurück, ohne den Prozess des kritischen Denkens und der Reflexion zu durchlaufen.

Die Verantwortung der Eltern und Erzieher

Angesichts dieser Entwicklungen wird die Verantwortung der Eltern und Erzieher immer wichtiger. Sie müssen lernen, die Auswirkungen von Social Media auf die geistige Entwicklung ihrer Kinder zu erkennen und ihnen helfen, einen gesunden Umgang mit digitalen Inhalten zu finden. Es ist von entscheidender Bedeutung, dass Kinder nicht nur die Fähigkeiten zum Konsumieren, sondern auch die Fähigkeit zum Produzieren und Reflektieren entwickeln. Es gilt, eine Balance zwischen der Nutzung digitaler Medien und der Förderung von tiefem Denken, Konzentration und Kreativität zu finden.

Die Einführung von „Medienzeiten", in denen die Nutzung von Social Media und digitalen Geräten auf bestimmte Zeitfenster begrenzt wird, ist ein erster Schritt, um den Kindern zu helfen, sich auf andere Aktivitäten zu konzentrieren. Ebenso ist es wichtig, sie für die negativen Auswirkungen des ständigen Konsums von schnellen, flüchtigen Inhalten zu sensibilisieren, damit sie sich der Veränderungen, die sie durch die Nutzung dieser Plattformen erfahren, bewusst sind.

Fazit: Ein wachsender Einfluss, der nicht ignoriert werden darf

Die verkürzte Aufmerksamkeitsspanne ist nur eines der vielen Symptome der Auswirkungen von Social Media auf die junge Generation. Die digitale Welt, in der wir leben, ist ein zweischneidiges Schwert: Sie bietet Chancen für Lernen, Kreativität und Vernetzung, doch sie birgt auch Risiken für die geistige und emotionale Entwicklung. Es ist entscheidend, dass wir als Gesellschaft ein Gleichgewicht finden und sowohl die positiven als auch die negativen Aspekte der digitalen Welt erkennen und adressieren. Nur so können wir sicherstellen, dass kommende Generationen nicht nur von schnellen, flimmernden Bildern gefangen sind, sondern auch die Fähigkeit besitzen, tief zu denken und sich wirklich mit der Welt auseinanderzusetzen.

Die Filterblase – Wie wir uns selbst isolieren

In der digitalen Welt, in der jeder von uns nahezu unbegrenzt Zugang zu Informationen hat, ist es paradox, dass wir gleichzeitig immer mehr in einer Filterblase leben – einem Informationsraum, der uns mit genau den Inhalten versorgt, die wir bereits kennen oder mögen, und der uns von anderen Perspektiven abschirmt. Diese Blasen sind nicht nur ein Produkt der Algorithmen großer Social-Media-Plattformen, sondern auch ein Spiegel unserer eigenen Vorlieben und Bestätigungswünsche.

Die Entstehung der Filterblase

Die Filterblase entsteht durch die personalisierten Inhalte, die uns täglich präsentiert werden. Algorithmen analysieren unser Verhalten, unsere Klicks, unsere Interaktionen, und bestimmen dann, welche Inhalte wir sehen. Der Mechanismus hinter diesem Prozess ist einfach: Menschen neigen dazu, das zu konsumieren, was ihre bestehenden Überzeugungen und Präferenzen bestätigt. Wenn du also regelmäßig Inhalte zu einem bestimmten Thema ansiehst, werden dir immer mehr

Inhalte zu diesem Thema angezeigt – egal, ob sie objektiv oder einseitig sind.

Was auf den ersten Blick wie eine nützliche Funktion erscheint, um uns relevante Informationen zu liefern, hat auf lange Sicht gefährliche Folgen: Wir sehen nur noch, was wir bereits glauben. Anderes Wissen, andere Perspektiven, werden von uns ausgeblendet. Die Filterblase ist wie eine schützende Hülle, die uns von der Vielfalt der Welt abschirmt und uns in unserer eigenen Meinung und Denkweise gefangen hält.

Die Risiken der Filterblase

Der gefährlichste Aspekt der Filterblase ist, dass sie unser Weltbild verzerrt und uns davon abhält, uns mit neuen oder gegensätzlichen Ideen auseinanderzusetzen. Wir beginnen, die Welt nur durch die Brille unserer eigenen Überzeugungen zu sehen. Alles, was dieser Sichtweise widerspricht, wird als irrelevant oder sogar falsch wahrgenommen. Das führt zu einer Verengung unseres Horizonts und einem wachsenden Mangel an Empathie gegenüber anderen.

Ein weiteres Problem der Filterblase ist die zunehmende Polarisierung. Wenn wir nur noch Inhalte konsumieren, die unsere eigenen Ansichten bestärken, werden wir weniger offen für unterschiedliche Perspektiven. Dies verstärkt die Gräben zwischen den Menschen und führt zu einer Gesellschaft, in der die Bereitschaft, miteinander zu sprechen und einander zuzuhören, immer weiter schwindet.

Die Auswirkungen auf die politische Landschaft

Ein besonders erschreckendes Beispiel für die Auswirkungen der Filterblase zeigt sich in der politischen Landschaft. Menschen, die in ihrer Filterblase leben, beziehen ihre Informationen ausschließlich aus Quellen, die ihre politischen Überzeugungen bestätigen. Sie verhalten sich wie in einer Echokammer, in der ihre eigenen Meinungen immer wieder wiederholt werden, während sie Informationen aus anderen politischen Lagern nicht mehr ernst nehmen oder sogar ablehnen. Dies führt zu einer zunehmenden Spaltung in der Gesellschaft und verstärkt politische Extremismen.

Durch diese einseitige Informationswahrnehmung werden die Unterschiede zwischen den politischen Lagern immer größer. Anstatt miteinander zu diskutieren und auf gemeinsame Lösungen hinzuarbeiten, wird die Kommunikation zunehmend von Feindbildern und Missverständnissen geprägt.

Die Filterblase in sozialen Medien

Social-Media-Plattformen sind die Hauptquelle, die unsere Filterblasen verstärken. Facebook, Instagram, Twitter – alle basieren auf Algorithmen, die Inhalte nach unserem Verhalten ausrichten. Wenn wir einem bestimmten politischen Standpunkt folgen, einem bestimmten Trend anhängen oder regelmäßig bestimmte Personen liken, werden uns immer wieder ähnliche Inhalte angezeigt. Die Plattformen verstärken so nicht nur unsere bestehenden Ansichten, sondern schließen uns auch von anderen Meinungen und Perspektiven ab.

Die Konsequenz? Wir verlieren die Fähigkeit, objektiv zu bewerten. Statt uns mit verschiedenen Perspektiven auseinanderzusetzen und unsere eigene Meinung auf Basis von Fakten zu bilden, konsumieren wir Inhalte, die uns bestätigen und in unserem Denken bestärken. Das führt zu einer verzerrten Wahrnehmung der Welt und zu einem schwindenden kritischen Denken.

Die Filterblase und die persönliche Entwicklung

Aber auch auf persönlicher Ebene hat die Filterblase weitreichende Konsequenzen. Sie hindert uns daran, als Individuen zu wachsen, zu lernen und uns weiterzuentwickeln. Wenn wir uns ständig in einem Umfeld bewegen, das uns nur das zeigt, was wir bereits wissen oder glauben, verpassen wir die Chance, uns neue Ideen und Perspektiven anzueignen.

Wir sind weniger offen für neue Erfahrungen und Ideen, weil wir uns in einer sicheren, vertrauten Welt bewegen, in der wir ständig Bestätigung für das erhalten, was wir bereits denken. Doch echte persönliche Entwicklung entsteht nur dann, wenn wir uns mit dem Unbekannten auseinandersetzen und bereit sind, unseren Horizont zu erweitern.

Der Weg aus der Filterblase

Der erste Schritt, um die Filterblase zu durchbrechen, besteht darin, sich ihrer Existenz bewusst zu werden. Wir müssen uns eingestehen, dass wir durch die Algorithmen und unsere eigenen Vorlieben in eine Blase geraten sind, die unsere Wahrnehmung verzerrt. Der nächste Schritt ist, aktiv nach anderen Perspektiven und Meinungen zu suchen. Es ist wichtig, Informationen aus verschiedenen Quellen zu beziehen und sich auch mit Standpunkten auseinanderzusetzen, die wir normalerweise ablehnen würden.

Die digitale Welt sollte uns nicht isolieren, sondern bereichern. Wenn wir bewusst und kritisch mit den Inhalten umgehen, die uns präsentiert werden, können wir die Filterblase durchbrechen und uns wieder mit der Vielfalt der Welt verbinden. Dabei ist es entscheidend, dass wir uns von der Vorstellung verabschieden, dass unsere eigenen Überzeugungen die einzig richtigen sind. Der Austausch mit anderen, das Aufeinandertreffen unterschiedlicher Meinungen und die Bereitschaft, unsere eigenen Ansichten zu hinterfragen, sind der Schlüssel zu einer gesunden, offenen und integrativen Gesellschaft.

Die Sucht nach Bestätigung – Wie Likes und Follower uns kontrollieren

Die digitale Welt ist ein Spielplatz, auf dem wir alle unbewusst an einem unsichtbaren Draht gezogen werden. Dieser Draht, der uns von Plattformen wie Instagram, TikTok oder Facebook vermittelt wird, hat eine unsichtbare, aber mächtige Wirkung auf unser Verhalten und unsere Wahrnehmung. Er führt uns in eine Falle, die tief in den psychologischen Mechanismen unserer Bestätigungssucht verwurzelt ist.

Die Belohnung des Gehirns

Der Moment, in dem wir auf einen Beitrag klicken und plötzlich ein "Like" oder eine Nachricht erhalten, hat eine fast magische Wirkung auf uns. Das Gefühl der Anerkennung, das uns dann durchströmt, ist mehr als nur angenehm – es ist eine Belohnung, die unser Gehirn in einem kurzen, aber intensiven Moment von Freude und Befriedigung spüren lässt.

Dies geschieht nicht zufällig. Soziale Medien haben sich die Funktionsweise unseres Gehirns zunutze gemacht, um eine Art Belohnungssystem zu schaffen.

Das Gehirn schüttet Dopamin aus, den Neurotransmitter, der für das Gefühl von Belohnung und Motivation verantwortlich ist. Jedes Like, jedes "Follower"-Konto, das sich unserem Profil anschließt, wird in unserem Gehirn als Erfolg gewertet – eine Bestätigung unserer Existenz und unseres Wertes.

Dieses System ist unglaublich effektiv, denn es führt uns in einen Zustand, den man als „Sucht nach sozialer Bestätigung" bezeichnet. Doch anstatt von der Belohnung zu profitieren und daraufhin in den Alltag zurückzukehren, geraten wir in einen Teufelskreis. Wir wollen mehr Likes, mehr Follower, mehr Anerkennung – immer und immer wieder.

Die Schattenseiten der Bestätigungssucht

Was zunächst nach einer harmlosen Form der Anerkennung aussieht, hat jedoch weitreichende Folgen. Die ständige Jagd nach Bestätigung führt zu einem ernsthaften Problem: der Verlust der Authentizität. Wer ständig nach externen Bestätigungen sucht, beginnt irgendwann, sich nicht mehr für sich selbst zu zeigen, sondern nur noch für das Bild, das andere von einem haben. Wir passen uns an die Erwartungen und Wünsche unserer virtuellen Umgebung an, um die gewünschte Anerkennung zu erhalten.

Dieser Anpassungsprozess wird durch die sozialen Netzwerke stark verstärkt. In der digitalen Welt wird unser Wert oft in Zahlen gemessen – durch die Anzahl der Likes, Kommentare und Follower. Doch diese Zahlen spiegeln nicht unsere wahre Persönlichkeit wider. Sie sind ein oberflächlicher Maßstab, der uns in die Irre führt und uns glauben lässt, dass unser Wert von der Meinung anderer abhängt.

Die ständige Jagd nach Bestätigung kann zu ernsthaften psychischen Belastungen führen. Studien haben gezeigt, dass die ständige Nutzung von Social Media mit einem Anstieg von Angstzuständen, Depressionen und niedrigem Selbstwertgefühl verbunden ist. Besonders Jugendliche sind davon betroffen, da sie sich in einer Lebensphase befinden, in der die Suche nach Identität und Zugehörigkeit besonders wichtig ist. In der digitalen Welt wird dieses Bedürfnis verstärkt, indem wir ständig mit Bildern und Informationen konfrontiert werden, die uns in den Augen anderer „erfolgreich" oder „beliebt" erscheinen lassen sollen.

Der Druck der Perfektion

Ein weiterer Aspekt, der die Sucht nach Bestätigung verstärkt, ist der Druck zur Perfektion. Auf Plattformen wie Instagram oder TikTok scheint es so, als ob nur perfekt inszenierte, makellose Bilder und Videos Aufmerksamkeit erhalten. Jeder Fehler, jede Schwäche wird als Mangel betrachtet und wird oft ins Lächerliche gezogen oder negativ kommentiert. Dieser Druck, immer perfekt zu sein, führt dazu, dass sich viele Menschen, besonders junge Frauen, immer weiter von ihrem echten Selbst entfernen.

Wir erstellen „kuratierte" Versionen von uns selbst, die nur die besten Seiten unseres Lebens zeigen. Das Ergebnis? Ein verzerrtes Bild der Realität, das für andere unerreichbar scheint und uns selbst im Vergleich immer ungenügend erscheinen lässt. Die Vorstellung, dass unser Leben immer „besser" und „perfekter" werden muss, um Anerkennung zu finden, erzeugt einen ständigen Stress, der schwer zu bewältigen ist.

Die Falle der Selbstvermarktung

Ein weiterer Punkt, den man nicht unbeachtet lassen sollte, ist die zunehmende Kommerzialisierung unserer digitalen Identität. Social Media wird nicht nur genutzt, um mit Freunden und Familie in Kontakt zu bleiben, sondern zunehmend auch als Plattform für Selbstvermarktung. Influencer, Blogger und Content

Creator haben es geschafft, ihre Social-Media-Präsenz in eine Einkommensquelle zu verwandeln. Doch dieser Trend hat einen Nachteil: Auch Menschen, die keine „Profis" in der digitalen Welt sind, beginnen, sich als Marken zu sehen und ihre „Persönlichkeit" wie ein Produkt zu verkaufen.

Dieser ständige Fokus auf das eigene „Branding" verschiebt die Wahrnehmung des Selbst. Wer sind wir wirklich, wenn unser Wert durch die Anzahl der Follower und den Erfolg unserer letzten Posts gemessen wird? Wenn unser Leben darauf ausgerichtet ist, ständig Inhalte zu erstellen, die die Aufmerksamkeit anderer auf sich ziehen?

Der Weg aus der Bestätigungssucht

Die Antwort auf diese Frage liegt in der Rückbesinnung auf den inneren Wert. Es ist wichtig, dass wir uns von der Vorstellung befreien, dass unser Wert von der Meinung anderer abhängt. Statt nach der nächsten Bestätigung durch Likes und Kommentare zu suchen, sollten wir lernen, uns selbst wertzuschätzen und uns selbst zu erkennen – ohne die ständige externe Bestätigung.

Ein erster Schritt aus dieser Sucht ist es, das eigene Verhalten auf Social Media bewusst zu reflektieren. Warum poste ich etwas? Tue ich es, weil ich mich selbst ausdrücken möchte, oder nur, um Anerkennung zu erhalten? Und was passiert, wenn ich diese Anerkennung nicht bekomme?

Es geht darum, sich wieder mit dem eigenen Selbstwert zu verbinden und sich nicht durch die flüchtige Bestätigung von außen definieren zu lassen. Auch Offline-Kontakte und echte, tiefgehende Beziehungen sind ein wichtiger Bestandteil dieses Prozesses. Hier gibt es keine Followerzahlen, keine Likes – nur echte, wertvolle Verbindungen.

Die illusionäre Welt der "Selbstoptimierung" – Wie Social Media uns zur besten Version unseres "Ichs" drängt

In der digitalen Welt ist der Begriff „Selbstoptimierung" zu einem der beliebtesten Schlagwörter geworden. Überall auf Social Media begegnen uns Menschen, die scheinbar die perfekte Version ihrer selbst leben: Sie sind immer gesund, erfolgreich, kreativ und produktiv. Ihre Zeit ist perfekt strukturiert, ihre Gewohnheiten makellos und ihre Ziele immer in Reichweite. Doch die Wahrheit hinter diesem perfekten Bild ist meist eine andere.

Die Fassade der Perfektion

Die ständige Darstellung einer perfekten Version des eigenen Lebens hat ihre Wurzeln tief in der Funktionsweise sozialer Medien. Plattformen wie Instagram oder TikTok haben diese Ideale verstärkt, indem sie Inhalte fördern, die nur die besten, glänzendsten und erfolgreichsten Aspekte des Lebens zeigen. Doch dieses Bild ist eine sorgfältig kuratierte Fassade, die wenig mit der Realität zu tun hat. Wer ständig auf der Jagd nach der besten Version seines Lebens ist, verliert oft das, was eigentlich das Leben ausmacht: Unvoll-kommenheit, Fehler, Momente der Ruhe und des Scheiterns.

Die Jagd nach dem perfekten Selbst ist eine Illusi-on. Sie stellt uns vor unrealistische Maßstäbe, die wir nie erreichen können – oder wenn, dann nur zu einem Preis. Denn je mehr wir uns auf die Perfektion fixieren, desto weniger akzeptieren wir uns selbst in unserer Ganzheit. Statt uns selbst in unserem natürlichen Zu-stand zu sehen und zu schätzen, messen wir uns stän-dig an den höchsten, unerreichbaren Standards der di-gitalen Welt.

Der Druck zur ständigen Verbesserung

Die digitale Welt hat uns in eine Art permanenten Wettbewerb versetzt. Wer es nicht schafft, sich ständig zu verbessern, bleibt zurück. Wer keine produktiven Routinen pflegt, kein Fitnessziel erreicht oder keine neuen Fähigkeiten entwickelt, scheint in den Augen der Social-Media-Welt als weniger wertvoll. Dieser ständige Drang zur Verbesserung lässt uns oft den Blick für die wichtigen Dinge im Leben verlieren: Zu-friedenheit, Dankbarkeit und das einfache Leben.

Der Druck zur Selbstoptimierung ist nicht nur eine persönliche Herausforderung, sondern auch ein soziales Phänomen. Wer sich in der digitalen Welt nicht ständig verändert und anpasst, wird schnell als „überholt" oder „nicht innovativ" wahrgenommen. Dieser Druck, immer besser, immer produktiver, immer erfolgreicher zu sein, führt zu einem chronischen Gefühl der Unzulänglichkeit, da wir uns mit Menschen vergleichen, die ebenfalls nicht die ganze Wahrheit zeigen.

Die Kehrseite der ständigen Verbesserung

Der ständige Drang, sich zu verbessern, kann auch negative Auswirkungen auf die psychische Gesundheit haben. Es gibt eine Reihe von Studien, die zeigen, dass Social Media in vielen Fällen zu einem Anstieg von Angstzuständen und Depressionen führt – nicht zuletzt, weil wir uns mit dem vermeintlich perfekten Leben anderer messen. Die Idee, dass es immer noch Raum für „mehr" gibt, lässt uns nie zur Ruhe kommen. Wir setzen uns Ziele, die außerhalb unserer Reichweite liegen, und vernachlässigen dabei das, was wir bereits erreicht haben.

Außerdem führt die ständige Selbstoptimierung zu einer Art innerer Zerrissenheit. Wir werden zu einem

Sammelsurium von „Must-have" Aspekten eines Lebens – vom perfekten Körper über die perfekte Karriere bis hin zu den idealen Hobbys. Doch all diese „Ideale" haben nichts mit unserem wahren Selbst zu tun. Sie sind das Ergebnis eines übermäßigen Konsums von Informationen und Influencer-Inhalten, die uns in eine Richtung treiben, die wir oft nicht einmal für uns selbst gewählt haben.

Authentizität statt Illusion

Der Weg aus dieser Falle führt nicht in immer noch mehr Selbstoptimierung, sondern in die Rückkehr zu einem authentischen Leben. Es geht nicht darum, ständig „besser" zu werden, sondern sich selbst als ausreichend zu akzeptieren. Statt immer wieder nach „Mehr" zu streben, sollten wir uns fragen: Was ist für mich wirklich wichtig? Was sind meine echten Werte? Was macht mich wirklich glücklich?

Die Authentizität, die wir in der digitalen Welt verlieren, finden wir oft in den einfachen, alltäglichen Momenten. Es sind die Momente, in denen wir uns selbst begegnen, ohne das Gewicht der äußeren Erwartungen. Wenn wir uns von der ständigen Verbesserung lösen, schaffen wir Raum für wahre Zufriedenheit. Es ist okay, nicht immer die beste Version unserer selbst zu sein. Es ist sogar notwendig, uns selbst in unserer Unvollkommenheit zu akzeptieren, um wahres inneres Wachstum zu erfahren.

Der Weg zu echter Selbstakzeptanz

Ein erster Schritt in diese Richtung ist es, sich bewusst von den „Optimierungs"-Inhalten auf Social Media zu distanzieren und sich auf Quellen der Inspiration und des Wachstums zu konzentrieren, die authentisch sind. Wenn wir lernen, uns von der Vorstellung zu befreien, dass wir uns ständig verbessern müssen, können wir ein erfülltes Leben führen, das nicht von äußeren Maßstäben abhängt, sondern von unseren eigenen inneren Werten.

Es geht darum, das Leben zu leben, das wir wirklich wollen, und uns nicht von den vermeintlich perfekten Bildern und Erfolgen anderer blenden zu lassen. Der wahre Weg zur Selbstverwirklichung führt nicht durch ständige Verbesserung, sondern durch die Akzeptanz dessen, wer wir sind und was wir bereits erreicht haben.

Die Schatten der digitalen Welt – Die Psychologie hinter der Abhängigkeit von Social Media

Die Welt der sozialen Medien hat uns nicht nur eine neue Form der Kommunikation und des Austauschens gebracht, sondern auch eine der subtilsten und gefährlichsten Abhängigkeiten unserer Zeit geschaffen. Für viele ist der tägliche Blick auf ihr Handy zu einem unbewussten Reflex geworden, fast wie eine Sucht. Doch was steckt hinter dieser Abhängigkeit? Warum können wir uns dem ständigen Strom an Benachrichtigungen, Likes und Neuigkeiten nicht entziehen?

Die Belohnungsmechanismen der sozialen Medien

Die Psychologie hinter der Abhängigkeit von Social Media beruht auf den gleichen Prinzipien, die auch andere Suchtverhalten fördern. Es sind die ständigen Belohnungen, die unser Gehirn in einem Teufelskreis gefangen halten. Jedes Mal, wenn wir eine Benachrichtigung erhalten, ein „Like" auf ein Bild bekommen oder einen neuen Follower gewinnen, wird in unserem Gehirn Dopamin ausgeschüttet – das sogenannte „Glückshormon". Dieser chemische Prozess sorgt dafür, dass wir uns für kurze Zeit gut fühlen. Doch genauso wie bei anderen Suchtmitteln flacht die Wirkung mit der Zeit ab, was uns dazu bringt, immer wieder nach neuen Reizen zu suchen, um das gleiche Glücksgefühl zu erleben.

Die digitale Dosis: Mehr ist nie genug

Dieser Dopamin-Kick ist es, der uns immer wieder dazu bringt, auf unsere Handys zu starren und zu scrollen, auch wenn wir wissen, dass es uns nichts Wesentliches bringt. Soziale Medien sind wie eine Droge, bei der mehr immer noch nicht genug ist. Die Zahl der Likes, Kommentare oder Shares wird nie die Befriedigung bringen, die wir uns erhoffen. Sobald wir uns in der digitalen Welt etabliert haben, wünschen wir uns mehr Aufmerksamkeit, mehr Anerkennung und mehr Bestätigung. Doch diese endlose Jagd nach Anerkennung führt uns nur weiter in die Leere. Was uns anfänglich ein gutes Gefühl gab, wird mit der Zeit zu einem nie enden wollenden Verlangen nach mehr.

Die Auswirkungen auf unser Selbstwertgefühl

Ein weiterer psychologischer Aspekt von Social Media ist die Art und Weise, wie es unser Selbstwertgefühl beeinflusst. In einer Welt, in der unser Wert oft an der Zahl unserer Follower und Likes gemessen wird, verlieren wir schnell die Verbindung zu unserem wahren Selbst. Social Media verstärkt den Glauben, dass wir nur dann etwas wert sind, wenn wir eine bestimmte Zahl an Bestätigung von anderen erhalten. Es entsteht ein ständiger Druck, sich zu zeigen, zu posten und zu präsentieren, um sichtbar und wertvoll zu bleiben. Die digitale Welt, die uns ursprünglich dazu verhelfen sollte, uns auszudrücken, wird so zu einem Spiegelbild unserer Unsicherheit und unserer ständigen Suche nach Bestätigung.

Es ist nicht schwer zu verstehen, warum viele Menschen sich nach Anerkennung und Beliebtheit sehnen. In einer Zeit, in der wir ständig mit anderen Menschen in Kontakt sind und uns vergleichen, kann es schwierig werden, sich von der Meinung anderer zu lösen und den eigenen Wert unabhängig davon zu erkennen. Wenn wir uns ständig mit den perfekten Leben, den perfekten Körpern und den perfekten Karrieren anderer messen, ist es kein Wunder, dass wir uns irgendwann minderwertig fühlen. Die ständige Exposition gegenüber den scheinbar perfekten Leben auf Social Media verzerrt die Wahrnehmung und führt zu einem verzerrten Selbstbild.

Die Rolle der Bestätigung in der digitalen Welt

In den sozialen Medien ist die Bestätigung von anderen alles. Wir teilen Bilder, Gedanken und Erfahrungen in der Hoffnung, Anerkennung zu finden. Die „Gefällt mir"-Klicks und Kommentare werden zu einer Währung, die unseren Wert messen soll. Doch was, wenn diese Bestätigung ausbleibt oder wir negative Rückmeldungen erhalten? Der Verlust von Anerkennung kann zu einem dramatischen Rückgang des Selbstwertgefühls führen.

Studien haben gezeigt, dass die Menge der erhaltenen Bestätigung direkt mit dem Wohlbefinden und der emotionalen Gesundheit der Nutzer verbunden ist. Es ist, als ob wir uns in einem ständigen Wettbewerb befinden, bei dem wir nie sicher sein können, ob wir genug Anerkennung bekommen.

Die Suche nach sozialer Bestätigung und ihre Gefahren

Soziale Bestätigung ist zu einer der größten Triebkräfte in der digitalen Welt geworden. Das Streben nach Anerkennung hat zu einer verstärkten Nutzung von sozialen Medien geführt, da die Menschen unbewusst versuchen, sich selbst und ihren Wert durch die Reaktionen anderer zu validieren. Doch diese Suche nach sozialer Bestätigung kann gefährlich werden, wenn wir beginnen, uns mehr auf die Meinungen anderer zu stützen, als auf unser eigenes Gefühl der Selbstgenügsamkeit.

Der ständige Vergleich mit anderen und das Streben nach Bestätigung können zu einer ernsthaften psychischen Belastung werden. Wir setzen uns ständig unter Druck, uns in ein bestimmtes Bild zu pressen, um zu gefallen, um beliebt zu sein, um Anerkennung zu bekommen. Doch am Ende bleiben wir oft mit einem Gefühl der Leere zurück, da die Bestätigung von außen niemals die innere Zufriedenheit ersetzen kann, die wir nur durch Selbstakzeptanz und -liebe finden können.

Die Macht der sozialen Bestätigung: Eine doppelte Klinge

Die Macht der sozialen Bestätigung ist eine zweischneidige Klinge. Einerseits kann sie uns ein Gefühl der Zugehörigkeit und des Wohlbefindens vermitteln, andererseits kann sie uns in eine Abwärtsspirale führen, in der unser Selbstwert immer mehr von äußeren Faktoren abhängt. Je mehr wir uns auf die Anerkennung durch andere verlassen, desto weniger sind wir in der Lage, unseren eigenen Wert zu erkennen und zu schätzen. Wir verlieren die Fähigkeit, uns selbst zu lieben und zu akzeptieren, ohne dass es jemand anderes für uns tut.

Die Herausforderung in einer Welt voller digitaler Bestätigung besteht darin, diese externen Reize zu erkennen und sich nicht von ihnen abhängig zu machen. Der wahre Weg zu einem gesunden Selbstwertgefühl führt über die Fähigkeit, sich selbst anzunehmen und unabhängig von der Meinung anderer zu wissen, dass wir genug sind.

Der Trugschluss der Perfektion – Wie Social Media unsere Wahrnehmung verzerrt

In der digitalen Welt haben sich Normen und Ideale entwickelt, die in vielerlei Hinsicht weit von der Realität entfernt sind. Was wir auf unseren Bildschirmen sehen, ist oft nicht das wahre Leben, sondern eine kuratierte, bearbeitete und selektierte Darstellung davon. Diese verzerrte Wahrnehmung beeinflusst nicht nur unsere Selbstdarstellung, sondern auch unser Verständnis von Erfolg, Schönheit und Glück.

Die Illusion des perfekten Leben

Eines der zentralen Merkmale der sozialen Medien ist die Präsentation von scheinbar perfekten Leben. Influencer, Prominente und auch unsere Freunde teilen oft Momente, die ihre besten Seiten zeigen – die besten Urlaubsfotos, das neueste Outfit, die erfolgreichsten beruflichen Erlebnisse. Diese perfekten Bilder und Momente lassen uns glauben, dass dies die Realität ist und dass jeder Tag so aussehen sollte. Doch in Wahrheit ist dies nur ein Ausschnitt der Realität, der sorgfältig ausgewählt und bearbeitet wurde.

Die ständige Konfrontation mit diesen idealisierten Darstellungen von Leben, Körpern und Beziehungen kann unser eigenes Selbstbild negativ beeinflussen. Wir beginnen zu glauben, dass wir nicht genug sind – dass wir nicht schön genug, erfolgreich genug oder glücklich genug sind, wenn wir nicht das gleiche Maß an Perfektion erreichen. Doch die Wahrheit ist, dass niemand ständig in einem perfekten Zustand lebt. Auch die schönsten Bilder und die erfolgreichsten Momente verbergen oft die unsichtbaren Herausforderungen und Schwächen, die dazugehören.

Der Druck, immer mehr zu zeigen

Dieser Druck, immer mehr von sich selbst zu zeigen und das perfekte Leben zu präsentieren, führt zu einer verzerrten Wahrnehmung unserer eigenen Existenz. Für viele wird das ständige Vergleichen mit anderen zur täglichen Gewohnheit. Was wir sehen, ist oft das Ergebnis von sorgfältiger Inszenierung und Fotobearbeitung. Das Bild von Schönheit, das uns gezeigt wird, ist häufig das Ergebnis von Filtern, Photoshop und stundenlangen Bemühungen, den perfekten Moment einzufangen. Doch wir nehmen diese Darstellungen als Maßstab für unsere eigene Lebensqualität und unser Aussehen.

Social Media lässt uns glauben, dass jeder perfekte Moment für andere zugänglich ist und dass wir uns ständig verbessern müssen, um „dazuzugehören". Die Gefahr dabei ist, dass wir uns immer weiter von unserem wahren Selbst entfernen und uns darauf konzentrieren, wer wir in der digitalen Welt sind, anstatt wer wir im echten Leben sind.

Der Filter der Unvollständigkeit

Die Social Media-Welt basiert auf dem Prinzip der „Unvollständigkeit", was bedeutet, dass nur bestimmte Teile des Lebens gezeigt werden. Was auf Plattformen wie Instagram, TikTok oder Facebook zu sehen ist, sind oft nur Höhepunkte, die restlichen Teile eines Lebens werden ausgeblendet. Wenn ein Influencer etwa auf Reisen ist, teilt er die schönsten Bilder, aber selten werden die Mühseligkeiten oder die Herausforderungen auf diesem Weg gezeigt. Wenn ein anderer seine neuesten Kleidungsstücke präsentiert, wird er dabei strahlend und makellos aussehen – während die unbequemen Details oder der Aufwand, der dahintersteckt, unbenannt bleiben.

Das Problem mit dieser Darstellung ist, dass sie uns eine verzerrte Vorstellung von Erfolg und Zufriedenheit vermittelt. Wir sehen nur das Ergebnis und nicht die Arbeit, das Scheitern und die Unsicherheiten, die damit verbunden sind. Dieses selektive Teilen von „guten" Momenten führt dazu, dass wir glauben, diese Momente müssten immer perfekt sein, während die weniger glamourösen Momente „schlecht" sind. Doch in Wirklichkeit ist das Leben komplex und vielschichtig – es besteht aus Höhen und Tiefen, und diese Differenz zu sehen, ist entscheidend für ein gesundes Selbstbild.

Die Entfremdung von der eigenen Identität

In der ständigen Suche nach Perfektion verlieren wir den Kontakt zu unserer wahren Identität. Wenn wir uns zu sehr darauf konzentrieren, die Erwartungen der digitalen Welt zu erfüllen, können wir uns selbst aus den Augen verlieren. Wir stellen uns die Frage: „Wie werde ich von anderen gesehen?" anstatt: „Wie sehe ich mich selbst?" Diese Entfremdung von unserem wahren Ich hat weitreichende Konsequenzen für unser Wohlbefinden und unsere psychische Gesundheit.

In einer Welt, die uns konstant suggeriert, dass unser Aussehen, unsere Erfolge und unsere Beziehungen nicht gut genug sind, wenn sie nicht den Standards der sozialen Medien entsprechen, kann es zu einem tiefen

Gefühl der Unzulänglichkeit kommen. Das Streben nach Perfektion führt dazu, dass wir uns mit den Bildern anderer Menschen vergleichen, ohne zu erkennen, dass diese Bilder nur ein Bruchteil der Wahrheit sind.

Wirkliche Schönheit kommt von innen

Eines der größten Missverständnisse, die durch Social Media verbreitet wird, ist die Vorstellung, dass äußere Schönheit alles ist. Filter und Photoshop haben dazu beigetragen, ein unrealistisches Bild von Schönheit zu schaffen – eines, das auf makellosen, idealisierten Vorstellungen beruht. Doch wahre Schönheit kommt nicht von äußeren Merkmalen oder der perfekten Inszenierung. Wahre Schönheit liegt in Authentizität, Selbstliebe und der Fähigkeit, sich selbst ohne die Bestätigung von außen zu schätzen.

Die wahre Herausforderung besteht darin, sich von der Idee zu befreien, dass Perfektion notwendig ist, um akzeptiert zu werden. In einer Welt, die uns ständig mit perfektionierten Bildern bombardiert, ist es wichtig, uns selbst daran zu erinnern, dass niemand perfekt ist – und das ist vollkommen in Ordnung. Unsere Unvollkommenheit macht uns menschlich, und das ist es, was uns wirklich ausmacht.

Die digitale Sucht – Wie Social Media unser Verhalten verändert

Die Nutzung von Social Media ist heute zu einem festen Bestandteil unseres Lebens geworden. Wir scrollen durch Feeds, liken Bilder und posten Updates – oft ohne darüber nachzudenken, was diese ständigen Interaktionen mit unseren Gehirnen und unserem Verhalten anrichten. Doch hinter dieser scheinbar harmlosen Freizeitbeschäftigung steckt eine komplexe Psychologie, die unser Verhalten verändert und eine unsichtbare Sucht kreiert.

Das Suchtpotenzial von Social Media

Die digitale Sucht ist ein wachsendes Phänomen, das immer mehr Menschen betrifft, ohne dass sie sich dessen bewusst sind. Was als eine kurze Ablenkung beginnt, entwickelt sich zu einem ständigen Bedürfnis nach Bestätigung, Unterhaltung und Ablenkung. Plattformen wie Instagram, TikTok und Facebook sind so gestaltet, dass sie uns immer wieder zurückholen – sie bieten eine endlose Quelle von Neuigkeiten, Bildern und Videos, die ständig unseren Bildschirm füllen.

Diese konstanten Reize sind extrem anziehend und führen dazu, dass das Gehirn immer wieder nach „Belohnungen" sucht – sei es in Form von Likes, Kommentaren oder der nächsten interessanten Nachricht. Dieser Prozess aktiviert das Belohnungssystem im Gehirn, ähnlich wie bei Drogen oder Glücksspiel. Doch anstatt einer echten Belohnung handelt es sich lediglich um kurzfristige Erlebnisse, die das Bedürfnis nach mehr verstärken und letztlich eine Art „digitale Sucht" hervorrufen.

Warum ist Social Media so süchtig machend?

Der Suchtfaktor von Social Media basiert auf einem einfachen psychologischen Prinzip: dem „Belohnungsmechanismus". Jede Interaktion mit der Plattform – sei es das Liken eines Bildes oder das Teilen eines Beitrags – löst eine kleine Ausschüttung von Dopamin aus, einem Neurotransmitter, der für Glücksgefühle verantwortlich ist. Diese Dopaminausschüttungen sorgen für ein angenehmes Gefühl und ermutigen uns, immer wieder zurückzukehren, um mehr zu erhalten.

Doch genau wie bei anderen Süchten gewöhnt sich das Gehirn an diese ständigen Dopamin-Kicks, und es entsteht ein Kreislauf, der immer intensiver wird. Je mehr wir auf Social Media unterwegs sind, desto mehr müssen wir uns dem Fluss von Benachrichtigungen, neuen Posts und der Bestätigung von anderen hingeben, um dasselbe Gefühl von Belohnung zu erleben.

Ein weiteres Element, das zur Sucht beiträgt, ist die sogenannte „unvorhersehbare Belohnung". In den sozialen Medien wissen wir nie genau, wann der nächste spannende Post oder die nächste interessante Nachricht auftaucht. Dieser unvorhersehbare Flow von Informationen verstärkt die Notwendigkeit, ständig nach neuen Inhalten zu suchen. Es ist vergleichbar mit dem Drang, immer wieder an einem Spielautomaten zu drehen, weil wir hoffen, dass der nächste Dreh der Gewinn sein könnte.

Die Folgen der digitalen Sucht

Die Auswirkungen der digitalen Sucht auf unser Leben sind tiefgreifend und reichen weit über das einfache Scrollen hinaus. Zu den häufigsten Folgen gehören:

1. Verlust der Aufmerksamkeit – die ständige Nutzung von Social Media führt zu einer Fragmentierung unserer Aufmerksamkeit. Anstatt uns auf eine Aufgabe zu konzentrieren, springen wir von einer Benachrichti-

gung zur nächsten, was unsere Fähigkeit zur Fokussierung auf längere Zeiträume hinweg beeinträchtigt.

2. Schwächung der sozialen Beziehungen – obwohl Social Media uns mit anderen verbindet, führt es oft zu einer Entfremdung im echten Leben. Statt tiefgehende Gespräche zu führen, verbringt man die Zeit mit oberflächlichen Interaktionen und „Likes". Die Qualität unserer sozialen Beziehungen leidet.

3. Verschlechterung der mentalen Gesundheit – Studien zeigen, dass übermäßiger Konsum von Social Media mit erhöhten Raten von Angst, Depression und Einsamkeit in Verbindung steht. Das ständige Vergleichen mit anderen und der Drang nach Bestätigung führen zu einem gesenkten Selbstwertgefühl.

4. Verlust der Realitätswahrnehmung – das ständige Konsumieren von bearbeiteten, perfektionierten Bildern kann unsere Wahrnehmung der Realität verzerren. Wir entwickeln ein unrealistisches Bild von Schönheit, Erfolg und Lebenszielen, das zu Frustration und Unzufriedenheit führt, wenn wir nicht denselben Standards entsprechen.

Wie Social Media unsere Wahrnehmung von Zeit beeinflusst

Die Nutzung von Social Media verändert auch unser Zeitgefühl. Wenn wir uns einmal in einem endlosen Feed verlieren, merken wir oft nicht, wie viel Zeit vergangen ist. Minuten werden zu Stunden, und wir sind oft überrascht, wie viel Zeit wir mit dem Scrollen verbracht haben. Diese „Zeitverschwendung" ist jedoch nicht nur ein harmloser Zeitvertreib – sie führt zu einer Entfremdung von der realen Welt und von den Dingen, die wirklich wichtig sind.

Anstatt den Moment zu genießen oder an eigenen Projekten zu arbeiten, verbringen wir immer mehr Zeit in der digitalen Welt, die uns wie ein Sog in ihren Bann zieht. Und während wir uns dem ständigen Strom von Benachrichtigungen und Informationen hingeben, verpassen wir die echten, bedeutungsvollen Erfahrungen, die uns im realen Leben begegnen.

Die digitale Detox-Strategie

Der erste Schritt, sich aus der digitalen Sucht zu befreien, ist das Bewusstsein. Sobald wir erkennen, wie viel Zeit wir auf Social Media verbringen und wie diese Nutzung unser Verhalten beeinflusst, können wir beginnen, Grenzen zu setzen. Eine bewusste „digitale Detox-Phase" – sei es eine bestimmte Zeit am Tag, in der wir uns von den Geräten fernhalten, oder ein kompletter Social Media-„Fasten" – kann helfen, uns von der ständigen Ablenkung zu lösen und uns wieder auf die Dinge zu konzentrieren, die uns wirklich erfüllen.

Es ist wichtig, sich immer wieder daran zu erinnern, dass Social Media nur ein Teil unseres Lebens ist und keinesfalls der Maßstab für Erfolg oder Glück sein sollte. Indem wir uns von der digitalen Welt abgrenzen und unsere Zeit bewusster gestalten, können wir wieder ein gesundes Verhältnis zu unserer eigenen Realität finden.

Der Filterblase entkommen – Wie Algorithmen unsere Realität verzerren

Die Technologie hinter den sozialen Medien ist nicht nur ein Werkzeug zur Verbindung von Menschen, sondern ein sehr mächtiger Mechanismus, der unsere Wahrnehmung der Welt beeinflusst – und das oft in subtilen, aber tiefgreifenden Weisen. Ein wichtiger Aspekt dieser Technologie ist der sogenannte Algorithmus – die unsichtbare Hand, die bestimmt, welche Inhalte wir sehen und welche wir nicht sehen.

Was ist eine Filterblase?

Eine Filterblase ist ein Zustand, in dem sich ein Nutzer aufgrund personalisierter Inhalte und Empfehlungen in einer künstlich eingeschränkten Informationsblase befindet. Dies passiert, weil Algorithmen der sozialen Medien Inhalte bevorzugen, die wir schon mögen, teilen oder mit denen wir interagiert haben. Das Resultat ist eine ständige Wiederholung von ähnlichen Perspektiven und Informationen – was uns in unserer eigenen Weltanschauung einschränkt und uns von der Vielfalt anderer Meinungen und Informationen trennt.

Algorithmen sind darauf ausgerichtet, unsere Aufmerksamkeit zu fesseln und uns zu motivieren, mehr Zeit auf den Plattformen zu verbringen. Um das zu erreichen, zeigen sie uns Inhalte, die unseren bestehenden Überzeugungen und Interessen entsprechen. Das klingt zunächst harmlos, doch der Effekt ist eine immer tiefere Isolation von anderen Sichtweisen.

Wie die Filterblase funktioniert

Der Algorithmus lernt ständig von unserem Verhalten. Jedes „Like", jedes Teilen und jeder Kommentar wird analysiert, um herauszufinden, was uns am meisten anspricht. Plattformen wie Facebook, Instagram oder YouTube nehmen diese Daten und präsentieren uns dann Inhalte, die diesen Mustern entsprechen. Wir denken, dass wir uns selbstständig für die Dinge entscheiden, die wir sehen wollen, doch in Wirklichkeit ist es der Algorithmus, der uns in eine bestimmte Richtung lenkt.

Ein Beispiel für die Filterblase ist das, was Nutzer auf YouTube erleben: Wenn sie ein Video zu einem bestimmten Thema ansehen, wird ihnen eine ganze Reihe weiterer Videos zu diesem Thema empfohlen – oft noch extremere oder spezialisiertere Inhalte. Diese endlosen Empfehlungen verstärken eine Sichtweise oder Meinung, die oft verzerrt oder einseitig ist, und verhindern, dass der Nutzer andere Perspektiven einnimmt.

Dies führt dazu, dass wir in unserer eigenen Weltanschauung gefangen bleiben und weniger geneigt sind, Informationen zu suchen, die uns herausfordern oder unsere Überzeugungen infrage stellen. Stattdessen umgeben wir uns mit Menschen und Inhalten, die unser Weltbild bestätigen – eine sogenannte Echo-Kammer.

Die Konsequenzen der Filterblase

Die Folgen dieser Filterblasen können enorm sein. Sie können dazu führen, dass wir uns zunehmend von anderen Meinungen und Sichtweisen entfernen und immer weniger Toleranz gegenüber denen entwickeln, die anders denken. Wir verlieren das Verständnis für andere Perspektiven und können uns in unserer eigenen Meinung festfahren. Dies betrifft nicht nur politische oder gesellschaftliche Themen, sondern auch unsere Kaufentscheidungen, unsere Vorlieben und sogar unsere emotionalen Reaktionen.

Ein weiteres Problem entsteht, wenn Menschen innerhalb ihrer Filterblase mit Falschinformationen konfrontiert werden. Da der Algorithmus keine Unterscheidung zwischen wahr und falsch trifft, können wir schnell in einen Strom von Fehlinformationen geraten, die uns beeinflussen und sogar manipulieren. Diese Fehlinformationen verbreiten sich besonders schnell in sozialen Medien, da sie oft in Echo-Kammern verstärkt werden und dadurch eine größere Reichweite erlangen.

Wie man die Filterblase durchbricht

Die Filterblase zu durchbrechen, erfordert bewusste Anstrengung. Hier sind einige Strategien, wie man sich aus den Fängen des Algorithmus befreien und eine breitere Perspektive einnehmen kann:

1. Aktive Recherche – statt sich nur auf Inhalte zu verlassen, die uns der Algorithmus vorschlägt, sollten wir aktiv nach unterschiedlichen Meinungen und Informationen suchen. Dies bedeutet, gezielt auch Quellen zu konsumieren, die uns nicht sofort ansprechen, um ein vielfältigeres Bild der Realität zu erhalten.

2. Bewusstes Hinterfragen der Quellen – es ist wichtig, zu prüfen, wer hinter den Informationen steckt, die wir konsumieren. Welche Agenda verfolgen die Anbieter von Inhalten? Gibt es eine politische oder wirtschaftliche Motivation, die uns beeinflussen könnte?

3. Vielfalt der sozialen Netzwerke – anstatt sich nur in einem sozialen Netzwerk aufzuhalten, kann es hilfreich sein, verschiedene Plattformen zu nutzen, um eine breitere Perspektive zu erlangen. Jede Plattform hat ihre eigenen Algorithmen und Inhalte, die einen unterschiedlichen Einfluss auf unsere Wahrnehmung haben.

4. Interaktionen mit anderen Perspektiven – um die Filterblase zu durchbrechen, ist es wichtig, sich auch mit Menschen auszutauschen, die unterschiedliche Meinungen vertreten. Auch wenn dies unbequem sein kann, hilft es dabei, das eigene Weltbild zu erweitern und besser zu verstehen, warum andere Menschen bestimmte Ansichten vertreten.

5. Bewusste Nutzung von Social Media – Setze dir klare Ziele für deine Social-Media-Nutzung. Anstatt ziellos zu scrollen, plane bewusst, was du konsumieren möchtest. Dadurch kannst du die Kontrolle über deinen Informationsfluss zurückgewinnen und verhindern, dass du dich von Algorithmen manipulieren lässt.

Fazit: Der Weg zur digitalen Selbstbestimmung

Die Filterblase ist ein kraftvolles Werkzeug, das uns in eine digitale Realität einsperrt, die nicht unbedingt die wahre oder ganze Wahrheit widerspiegelt. Indem wir uns bewusst gegen diese Blase stellen und proaktiv nach verschiedenen Quellen und Perspektiven suchen, können wir unseren eigenen Horizont erweitern und ein umfassenderes Verständnis der Welt entwickeln.

Die wichtigste Lektion, die wir aus diesem Kapitel mitnehmen können, ist, dass wir die Kontrolle über unsere digitale Realität nicht den Algorithmen überlassen sollten. Nur durch bewusstes Handeln und kritisches Denken können wir uns vor der Vereinseitigung und den Manipulationen schützen, die in der digitalen Welt allgegenwärtig sind.

Die Wahrheit hinter der digitalen Dämmerung – Wie Social Media uns von uns selbst entfremdet

Es freut mich, dass dir das Kapitel gefällt! Dann machen wir gleich weiter mit Kapitel Die Nutzung sozialer Medien hat nicht nur Einfluss auf die Art und Weise, wie wir mit anderen Menschen in Kontakt treten, sondern verändert auch, wie wir uns selbst sehen. Während die digitale Welt uns mit Informationen überflutet, ist es oft die ständigen Vergleiche, die die Verbindung zu unserem wahren Selbst verwischen.

Der Schein der Perfektion – Wie Social Media unsere Wahrnehmung verzerrt

Eine der größten Illusionen, die Social Media uns vorgaukelt, ist der Eindruck von Perfektion. Plattformen wie Instagram, Facebook oder TikTok fördern eine Welt, in der nur das Beste gezeigt wird – die schönsten Fotos, die besten Reisen, die größten Erfolge. Doch hinter diesen glanzvollen Fassaden versteckt sich eine andere Realität.

Die Menschen posten nicht die schwierigen Momente, die ungeschminkten Alltagssituationen oder die gescheiterten Projekte. Stattdessen wird ein Bild der Unangreifbarkeit und Erfüllung erzeugt. In diesem digitalen Raum scheint jeder Erfolg sichtbar und jeder Misserfolg unsichtbar. Das erzeugt einen Druck, dem wir uns nur schwer entziehen können.

Dieser Druck, den eigenen „perfekten" Lebensstil zu präsentieren, kann zu einer ernsthaften Entfremdung von unserem echten Selbst führen. Wir beginnen uns mehr auf die äußeren Erscheinungen zu konzentrieren als auf das, was uns wirklich ausmacht. Die kontinuierliche Jagd nach Anerkennung durch Likes, Kommentare und Follower wird zu einer gefährlichen Spirale, die unser Selbstwertgefühl beeinflusst.

Vergleich als Quelle der Entfremdung

Die ständigen Vergleiche sind der Kern dieser Entfremdung. Wenn wir ständig in einem Raum sind, der uns immer wieder mit den „perfekten" Leben anderer konfrontiert, verlieren wir den Bezug zu unserem eigenen, einzigartigen Weg. Social Media verschiebt die Maßstäbe für Erfolg und Glück, und viele Menschen verlieren sich in dem Drang, das Leben anderer zu imitieren.

Es ist nicht nur das Vergleichen der eigenen Lebenssituation mit den Bildern auf den sozialen Netzwerken. Oft sind es auch die unerreichbaren Schönheitsstandards, die durch Filter und Bearbeitungssoftware perfektioniert werden. Der Einfluss von solchen Bildern ist enorm: Menschen vergleichen sich nicht nur mit anderen, sondern auch mit einer künstlichen, bearbeiteten Version von ihnen selbst, was zu einem verzerrten Selbstbild führt.

Der Verlust der Authentizität

Die ständige Präsentation einer „perfekten" Version von uns selbst auf sozialen Medien lässt uns oft vergessen, wer wir wirklich sind. Wir verlieren das Gefühl für Authentizität und echtem Austausch. Die Art, wie wir uns in der realen Welt ausdrücken, weicht oft der Darstellung eines kuratierten Selbstbildes, das wir der digitalen Welt zeigen wollen.

Dies hat Auswirkungen auf unser soziales Leben und unser Selbstverständnis. Wer wir sind, wird zunehmend von der Wahrnehmung anderer geprägt, die sich wiederum auf oberflächliche, oft idealisierte Darstellungen stützt. Das führt zu einer Entfremdung von unserem eigenen Wesen, weil wir uns weniger mit unseren wahren Bedürfnissen und Gefühlen identifizieren und mehr mit dem Bild, das wir von uns vermitteln möchten.

Warum dieser Trend gefährlich ist

Die Auswirkungen dieser Entfremdung sind nicht nur psychologisch, sondern auch gesellschaftlich bedenklich. Wenn wir unsere Authentizität verlieren und uns nur noch in einer von anderen Menschen vorgegebenen Art und Weise ausdrücken, dann verlieren wir den Zugang zu den wichtigen Fragen des Lebens: Wer bin ich wirklich? Was möchte ich für mich selbst? Was sind meine Werte und Überzeugungen?

Menschen, die sich im digitalen Raum ständig mit anderen vergleichen, sind anfälliger für Unzufriedenheit und können unter Depressionen, Angstzuständen und anderen psychischen Problemen leiden. Der Wunsch nach Bestätigung von außen kann zu einem Zustand führen, in dem der wahre Selbstwert nicht mehr aus dem Inneren kommt, sondern ausschließlich von der Anerkennung durch andere abhängt.

Wie wir uns von der digitalen Entfremdung befreien können

Es gibt jedoch Wege, diesem Trend entgegenzu-wirken und die Verbindung zu unserem wahren Selbst wiederherzustellen. Hier einige Ansätze, die helfen können:

1. Realität statt Perfektion – indem wir uns be-wusst gegen die Vorstellung von Perfektion stellen und auch die realen, ungeschönten Momente unseres Le-bens akzeptieren, können wir wieder eine authentische-re Beziehung zu uns selbst aufbauen. Es ist wichtig zu erkennen, dass niemand perfekt ist und dass echte Schönheit in der Echtheit und Unvollkommenheit liegt.

2. Achtsamkeit und Selbstreflexion – regelmäßige Momente der Stille und Selbstreflexion sind entschei-dend, um sich wieder auf das Wesentliche zu konzent-rieren. Mediation, Tagebuchschreiben oder einfach das Innehalten und Nachdenken über die eigenen Gefühle können helfen, die eigene Identität zu bewahren und sich nicht von der digitalen Welt vereinnahmen zu las-sen.

3. Vermeidung von ständigen Vergleichen – um sich nicht ständig mit anderen zu messen, kann es hilf-

reich sein, den Konsum von sozialen Medien bewusst zu reduzieren. Statt ständig durch Feeds zu scrollen, sollte man gezielt Inhalte auswählen, die einen inspirieren, ohne das Gefühl zu haben, sich mit anderen messen zu müssen.

4. Fokus auf echte Beziehungen – der digitale Raum sollte nicht den realen menschlichen Austausch ersetzen. Es ist wichtig, echte, tiefgründige Gespräche mit Menschen zu führen, die einen authentischen Blick auf uns haben, anstatt sich von digitalen Bestätigungen abhängig zu machen.

5. Achtsamer Umgang mit der eigenen Darstellung – wenn wir uns dazu entscheiden, Inhalte zu teilen, sollten wir uns bewusst fragen, warum wir das tun. Teilen wir nur das, was uns wirklich Freude macht oder das, was wir glauben, was andere von uns erwarten? Indem wir die Intention hinter unserem digitalen Selbstbild hinterfragen, können wir die Kontrolle über unsere Identität zurückgewinnen.

Fazit: Die Rückkehr zu uns selbst

Es ist entscheidend, in der digitalen Welt nicht die Verbindung zu uns selbst zu verlieren. Während soziale Medien eine mächtige Plattform für Austausch und Vernetzung bieten, sollten wir uns bewusst machen, dass unser wahres Selbst nicht durch die Bestätigung anderer bestimmt wird. Nur wenn wir uns von der ständigen Jagd nach Anerkennung befreien, können wir wieder zu unserer Authentizität und unserem wahren Glück finden.

Es ist an der Zeit, die digitale Dämmerung zu verlassen und uns selbst wieder in voller Klarheit zu sehen.

Die digitale Sucht – Warum wir immer wieder zurückkehren

Die digitale Welt ist wie ein Magnet. Jeden Tag öffnen wir unsere Smartphones, scrollen durch Social Media, checken E-Mails und sehen uns Videos an, oft ohne darüber nachzudenken. Es ist, als ob wir in eine digitale Falle geraten sind – eine, die uns ständig zurückruft. Doch warum fällt es uns so schwer, der digitalen Welt zu entkommen?

Die Mechanismen der digitalen Sucht

Digitale Sucht ist ein Phänomen, das in den letzten Jahren immer mehr an Bedeutung gewonnen hat. Was ursprünglich als nützliche Technologie zur Kommunikation, Unterhaltung und Arbeit begann, hat sich zu einer starken, fast unaufhaltsamen Gewohnheit entwickelt. Doch was genau macht diese Abhängigkeit so schwer zu überwinden?

Es sind nicht nur die Technologien selbst, die uns fesseln, sondern die Art und Weise, wie sie entwickelt wurden, um uns immer wieder zu binden. Plattformen wie Facebook, Instagram, TikTok oder YouTube nutzen ausgeklügelte Algorithmen, die darauf ausgelegt sind, unser Verhalten zu beeinflussen. Sie analysieren unsere Vorlieben, unsere Interaktionen und unsere Klicks, um uns genau die Inhalte zu präsentieren, die uns am meisten fesseln. Diese ständige Anpassung an unsere Vorlieben erzeugt eine Rückkopplungsschleife, die uns immer wieder dazu verleitet, zurückzukehren.

Ein weiterer Faktor ist die sofortige Belohnung, die wir durch das Checken unserer Geräte erfahren. Jedes Mal, wenn wir eine Benachrichtigung erhalten oder eine neue Nachricht lesen, wird unser Gehirn mit einem Schub an Dopamin, einem „Glückshormon", belohnt. Diese kleine Belohnung ist ein starkes, kurzfristiges Vergnügen, das unser Gehirn immer wieder anzieht. Diese „Belohnungsschleife" führt dazu, dass wir immer wieder auf unsere Geräte schauen, in der Hoffnung, dass der nächste Klick oder die nächste Benachrichtigung noch mehr Freude bereitet.

FOMO – die Angst, etwas zu verpassen

Ein weiterer Aspekt der digitalen Sucht ist die sogenannte FOMO – „Fear of Missing Out", also die Angst, etwas zu verpassen. Diese Angst ist in der digitalen Welt allgegenwärtig. Wir haben das Gefühl, ständig informiert bleiben zu müssen, um keine wichtigen Neuigkeiten zu verpassen. Sei es ein neues Video, ein Trend oder ein Statusupdate von Freunden und Bekannten – es scheint immer etwas zu geben, das uns dazu zwingt, unsere Geräte zu überprüfen.

Diese ständige Unruhe führt dazu, dass wir uns in einem Zustand der permanenten Ablenkung befinden. Wir sind nicht wirklich präsent im Moment, sondern ständig auf der Suche nach dem nächsten „Update". FOMO hält uns in der digitalen Welt gefangen, weil wir glauben, dass das, was wir gerade verpassen, wichtiger ist als das, was wir im realen Leben gerade tun.

Der Verlust von Zeit und Konzentration

Die ständige Ablenkung durch digitale Medien hat gravierende Auswirkungen auf unsere Fähigkeit zur Konzentration. Studien zeigen, dass die Nutzung von Social Media und anderen digitalen Medien die Aufmerksamkeitsspanne verkürzt. Wir können uns immer weniger auf eine Aufgabe konzentrieren, ohne den Drang zu verspüren, unsere Geräte zu überprüfen. Dieser Verlust an Fokus betrifft nicht nur unsere Produktivität, sondern auch unser persönliches Wohlbefinden. Wir verlieren die Fähigkeit, uns in der realen Welt zu entspannen und im Moment zu leben, weil unser Geist ständig mit der digitalen Welt beschäftigt ist.

Zudem beeinflusst die ständige Nutzung von Social Media und digitalen Plattformen unser Zeitgefühl. Wir haben das Gefühl, nur „schnell" nach etwas zu schauen, aber Minuten werden zu Stunden. Ein kurzes Scrollen durch den Feed kann leicht zu einer langen Zeitspanne der Ablenkung werden, was nicht nur unsere Produktivität, sondern auch unsere Beziehungen und unsere mentalen Ressourcen beeinträchtigt.

Warum digitale Entgiftung so wichtig ist

Angesichts der Auswirkungen der digitalen Sucht wird immer deutlicher, wie wichtig es ist, regelmäßig eine „digitale Entgiftung" zu machen. Dabei handelt es sich um eine bewusste Auszeit von digitalen Medien, bei der wir uns von den ständigen Reizen der digitalen Welt distanzieren. Diese Auszeit kann uns helfen, wieder zu uns selbst zu finden und uns auf die Dinge zu konzentrieren, die wirklich wichtig sind.

Digitale Entgiftung bedeutet nicht nur, das Smartphone wegzulegen, sondern auch, sich bewusst Zeit für Aktivitäten zu nehmen, die keine digitale Ablenkung beinhalten. Spaziergänge in der Natur, Meditation, das Lesen eines Buches oder das Verbringen von Zeit mit Freunden und Familie ohne den ständigen Drang, die

Geräte zu überprüfen, sind alles Wege, wie wir uns von der digitalen Sucht befreien können.

Wieder Kontrolle übernehmen

Die größte Herausforderung der digitalen Sucht ist es, die Kontrolle zurückzugewinnen. Es erfordert bewusste Anstrengung, sich von der ständigen Ablenkung durch digitale Medien zu befreien und gesunde Grenzen zu setzen. Dies kann beinhalten, Benachrichtigungen zu deaktivieren, die Bildschirmzeit zu überwachen oder feste Zeiten für die Nutzung von Social Media festzulegen.

Ein wichtiger Aspekt dieser Selbstkontrolle ist es, zu erkennen, dass wir nicht auf jede Benachrichtigung reagieren müssen und dass es in Ordnung ist, offline zu gehen. Wenn wir uns bewusst für Momente der Entschleunigung entscheiden, können wir wieder einen klareren Blick auf das Wesentliche gewinnen und uns von der digitalen Welt lösen.

Fazit: Die Rückkehr zur Balance

Die digitale Sucht ist ein ernstes Problem, das uns in einen ständigen Zustand der Ablenkung versetzt und unsere Aufmerksamkeit von den wirklich wichtigen

Aspekten des Lebens ablenkt. Doch es gibt Hoffnung. Indem wir uns bewusst Zeit für uns selbst nehmen, die Kontrolle über unsere digitalen Gewohnheiten zurückgewinnen und uns auf die wirklichen Verbindungen und Erfahrungen konzentrieren, können wir die digitale Sucht überwinden und wieder zu einer gesunden Balance finden.

Die Schattenseiten der ständigen Vernetzung

In unserer gegenwärtigen Zeit sind wir ständig vernetzt – durch unsere Smartphones, soziale Netzwerke, Apps und die immerwährende Kommunikation via Messenger. Diese Vernetzung hat ohne Zweifel viele Vorteile, aber sie bringt auch zahlreiche Schattenseiten mit sich, die wir oft erst dann wahrnehmen, wenn es zu spät ist.

Die Illusion von Nähe

Durch die ständige digitale Vernetzung haben wir das Gefühl, immer in Kontakt mit anderen zu sein. Soziale Medien vermitteln uns die Illusion, dass wir ständig verbunden sind, dass wir Freunde und Familie jederzeit erreichen können. Doch diese Nähe ist oft oberflächlich. Statt echte, tiefgehende Gespräche zu führen, verbringen wir unsere Zeit mit kurzen Nachrichten, „Likes" und Kommentaren, die selten eine echte Verbindung zu einem anderen Menschen herstellen.

Das Problem hierbei ist, dass wir uns zunehmend an diese schnelle und oberflächliche Form der Kommunikation gewöhnen. Unsere Beziehungen werden dadurch flacher und oberflächlicher, was zu einem Gefühl der Einsamkeit führen kann. Obwohl wir scheinbar ständig in Kontakt sind, erleben wir in Wahrheit eine wachsende Entfremdung, die wir oft nicht bemerken, bis die Isolation spürbar wird.

Überforderung durch ständige Erreichbarkeit

Ein weiteres Problem der ständigen Vernetzung ist die unaufhörliche Erreichbarkeit. Durch unsere Smartphones und die ununterbrochene Verfügbarkeit von Nachrichten, Benachrichtigungen und sozialen Netzwerken haben wir das Gefühl, ständig erreichbar sein zu müssen. Dies führt zu einer permanenten Überforderung und Stress, da es keine klare Grenze mehr zwischen Arbeit, Freizeit und Ruhe gibt.

Diese ständige Erreichbarkeit lässt uns keine echten Pausen mehr zu. Wir fühlen uns ständig „an", als ob wir ständig für andere verfügbar sein müssen – und das selbst in den Momenten, in denen wir uns eigentlich erholen sollten. Der Druck, immer auf dem neuesten Stand zu sein und sofort zu reagieren, kann zu einer echten Belastung werden und langfristig zu einer Erschöpfung führen.

Das „Sich-Verlieren" in der digitalen Welt

Die digitale Welt hat die Macht, uns zu absorbieren, uns von der realen Welt zu entfremden. Stundenlanges Scrollen durch soziale Netzwerke oder das Ansehen von Videos auf YouTube können dazu führen, dass wir völlig die Orientierung verlieren. Anstatt den Tag mit produktiven und erfüllenden Aktivitäten zu füllen, verbringen wir viel Zeit mit digitaler Unterhaltung, die uns weder geistig noch emotional bereichert.

Diese Art der Ablenkung kann ein Zeichen für ein tiefer liegendes Problem sein – die Angst vor dem eigenen Leben. Oft vergraben wir uns in der digitalen Welt, um uns der Realität zu entziehen, sei es vor Ängsten, dem Stress des Alltags oder der Leere, die wir in uns selbst wahrnehmen. Doch die digitale Welt kann diese Lücken nie wirklich füllen. Sie bietet uns zwar Ablenkung, aber keine echte Befriedigung oder ein tiefes Gefühl der Erfüllung.

Erosion der Privatsphäre

Eine der gravierendsten Schattenseiten der ständigen Vernetzung ist der Verlust der Privatsphäre. Was wir in sozialen Netzwerken teilen, wird oft viel weiter verbreitet, als uns bewusst ist. Persönliche Informationen, die wir glauben, nur mit Freunden oder einer kleinen Gruppe von Menschen zu teilen, können leicht in die falschen Hände geraten oder von Dritten ausgenutzt werden.

Social-Media-Plattformen sammeln ständig Daten über uns, um ihre Dienste zu optimieren und Werbung gezielt auf unsere Vorlieben abzustimmen. Doch auch wenn wir uns dieser Datenverarbeitung bewusst sind, ist es schwer, sich wirklich zu entziehen. Wir geben so viele persönliche Informationen preis, dass die Grenze zwischen öffentlichem und privaten Leben zunehmend verschwimmt. Die Digitalisierung hat uns zu einem offenen Buch gemacht, das von vielen Seiten „gelesen" werden kann.

Die Gefahr der ständigen Bestätigung

Eine weitere Schattenseite der ständigen Vernetzung ist die Suche nach Bestätigung. Wir posten ein Foto, teilen einen Gedanken oder ein Ereignis und warten gespannt auf die Reaktionen. „Likes" und Kommentare sind für viele Menschen ein Maßstab für ihre Selbstwahrnehmung geworden. Je mehr Reaktionen wir bekommen, desto besser fühlen wir uns – zumindest für den Moment.

Diese Bestätigung ist jedoch vergänglich und von kurzer Dauer. Was anfangs eine positive Rückmeldung ist, kann schnell in ein Gefühl der Leere umschlagen, wenn die Reaktionen nachlassen oder sich verändern. Dieses ständige Bedürfnis nach Anerkennung aus der digitalen Welt kann unser Selbstwertgefühl verzerren und dazu führen, dass wir uns immer mehr auf externe Bestätigung verlassen, statt auf innere Zufriedenheit und Selbstliebe.

FOMO und die Folgen der ständigen Vergleichbarkeit

Ein weiteres Problem der ständigen Vernetzung ist die Gefahr des ständigen Vergleichs. In sozialen Netzwerken teilen wir nur die besten Momente unseres Lebens: Urlaubsfotos, erfolgreiche Karriereschritte oder glückliche Beziehungen. Diese selektive Darstellung lässt uns glauben, dass das Leben der anderen besser oder interessanter ist als unser eigenes.

Dieser ständige Vergleich führt zu Gefühlen der Unzulänglichkeit und des Neids. Wir sehen, wie erfolgreich und glücklich andere sind, und fragen uns, warum wir nicht das Gleiche erreichen können. Diese Vergleiche sind jedoch nicht nur schädlich für unser Selbstwertgefühl, sondern auch irreführend. Wir sehen nur einen Ausschnitt aus dem Leben der anderen, der meist nicht die realen Herausforderungen oder Unsicherheiten zeigt.

Ein Schritt zurück – die Rückkehr zu realen Verbindungen

Die Schattenseiten der ständigen Vernetzung sind unumstritten, doch die gute Nachricht ist, dass wir immer noch die Kontrolle haben. Wir können uns bewusst entscheiden, wie wir unsere Zeit und unsere Energie investieren. Eine Rückkehr zu echten, tiefen Verbindungen und authentischen Beziehungen ist nicht nur möglich, sondern auch notwendig, um der Oberflächlichkeit und den negativen Auswirkungen der digitalen Welt zu entkommen.

Es geht darum, einen Schritt zurückzutreten und sich auf das Wesentliche zu besinnen: Zeit mit den Menschen verbringen, die uns wirklich wichtig sind, echte Gespräche führen und sich mit Dingen beschäftigen, die unser Leben bereichern. Wenn wir lernen, uns von der digitalen Welt zu distanzieren und unsere Prioritäten neu zu setzen, können wir die positiven Aspekte der Vernetzung nutzen, ohne uns von ihr kontrollieren zu lassen.

Der Preis der digitalen Freiheit – Warum wir uns von der Online-Welt befreien müssen

Der Preis der Die digitale Freiheit, die uns das Internet und soziale Netzwerke bieten, ist ein zweischneidiges Schwert. Einerseits eröffnet sie uns grenzenlose Möglichkeiten – Informationen, Kommunikation und Unterhaltung sind nur einen Klick entfernt. Auf der anderen Seite hat sie jedoch einen hohen Preis, der sich nicht nur in unserer Lebensqualität, sondern auch in unserer mentalen und physischen Gesundheit bemerkbar macht.

Das Gefühl der Freiheit

Die digitale Welt hat uns das Gefühl der Freiheit gebracht – die Freiheit, jederzeit und überall mit anderen zu kommunizieren, Informationen zu teilen und unsere Gedanken und Ideen mit der Welt zu verbinden. Es fühlt sich oft so an, als könnten wir alles erreichen, was wir wollen. Wir können unseren Lebensstil, unsere Meinungen und unsere persönlichen Geschichten mit einem Klick verbreiten.

Diese vermeintliche Freiheit ist jedoch nicht ganz ohne Tücken. Je mehr wir uns in der digitalen Welt bewegen, desto mehr verlieren wir die Kontrolle über unsere eigenen Daten und unsere Privatsphäre. Die Plattformen, auf denen wir uns bewegen, sammeln kontinuierlich Informationen über uns, um uns gezielt Werbung zu zeigen und unser Verhalten vorherzusagen. Wir geben freiwillig viele persönliche Daten preis, ohne uns wirklich der Konsequenzen bewusst zu sein.

Überwältigende Informationsflut

Die digitale Welt hat uns mit einer nie zuvor erlebten Menge an Informationen überflutet. Auf Social-Media-Plattformen gibt es täglich unzählige neue Nachrichten, Posts und Videos. Wir sind ständig damit beschäftigt, diese Informationen zu konsumieren, oft ohne wirklich darüber nachzudenken. Doch genau diese Informationsflut führt zu einer geistigen Überlastung.

Das ständige Verarbeiten und Abspeichern von Informationen, ohne eine echte Verarbeitung oder Reflexion, führt zu einer oberflächlichen Wahrnehmung der Welt. Wir nehmen vieles auf, ohne es wirklich zu verstehen oder zu verarbeiten. Unser Gehirn ist darauf ausgelegt, Informationen zu verarbeiten, doch die Geschwindigkeit und Menge an Daten, die wir täglich konsumieren, überfordert uns zunehmend.

Die digitale Sucht

Der Preis für diese ständige Informationsaufnahme ist eine Form der digitalen Sucht. Wir haben uns an die ständige Verfügbarkeit von Unterhaltung und Informationen gewöhnt, und oft fühlen wir uns unruhig oder gelangweilt, wenn wir uns von unseren Geräten entfernen. Diese Sucht kann dazu führen, dass wir das echte Leben aus den Augen verlieren und uns immer tiefer in der digitalen Welt verlieren.

Ein Teufelskreis entsteht: Je mehr Zeit wir in der digitalen Welt verbringen, desto mehr benötigen wir diese Ablenkung, um unsere Bedürfnisse zu befriedigen. Die ständige Belohnung, die wir durch „Likes" und Benachrichtigungen erhalten, verstärkt unser Bedürfnis nach sofortiger Befriedigung und macht uns süchtig nach dieser digitalen Bestätigung.

Die Auswirkungen auf unsere sozialen Beziehungen

Die digitale Sucht hat auch Auswirkungen auf unsere sozialen Beziehungen. Wir verbringen immer mehr Zeit mit unseren Geräten und immer weniger mit den Menschen um uns herum. Die digitalen Verbindungen, die wir knüpfen, sind zwar bequem und bieten eine schnelle Möglichkeit zur Kommunikation, aber sie ersetzen nicht die tiefen, echten Beziehungen, die wir im „echten Leben" haben.

Es gibt eine wachsende Kluft zwischen der digitalen Welt und der realen Welt. In der digitalen Welt können wir uns selbst präsentieren, wie wir möchten – wir können unsere besten Seiten zeigen, uns mit Gleichgesinnten verbinden und uns ein Bild von der Welt machen, das oft idealisiert ist. Doch in der realen Welt gibt es keine Filter, keine Masken und keine schnellen Lösungen. Hier müssen wir uns mit den Herausforderungen des Lebens und der zwischenmenschlichen Beziehungen auseinandersetzen.

Der Verlust der Kontrolle

Ein weiterer Aspekt des digitalen Lebens ist der Verlust der Kontrolle. Wir haben das Gefühl, dass wir jederzeit Zugriff auf alles haben, aber tatsächlich haben viele Unternehmen und Plattformen die Kontrolle über unsere Daten und unser Verhalten. Sie wissen mehr über uns, als wir uns bewusst sind, und sie nutzen diese Informationen, um uns gezielt zu beeinflussen.

Dieser Verlust der Kontrolle kann zu einem Gefühl der Hilflosigkeit führen. Wir sind uns oft nicht bewusst, wie viel Kontrolle wir über unser eigenes Leben abgegeben haben. Wir lassen uns von Algorithmen leiten, die unsere Vorlieben und unser Verhalten vorhersagen, und nehmen immer weniger eigene Entscheidungen. Die digitale Welt, die uns so viele Freiheiten bietet, ist gleichzeitig ein Gefängnis, aus dem es schwierig wird, sich zu befreien.

Die digitale Entgiftung – ein Weg zurück zur echten Freiheit

Die Antwort auf diese Herausforderung liegt in der digitalen Entgiftung. Immer mehr Menschen erkennen die negativen Auswirkungen der ständigen Vernetzung und entscheiden sich dafür, sich bewusst von der digitalen Welt zu distanzieren. Dies bedeutet nicht, dass wir uns komplett aus der digitalen Welt zurückziehen müssen – vielmehr geht es darum, ein gesundes Gleichgewicht zu finden und sich von den Zwängen und der Abhängigkeit zu befreien.

Digitale Entgiftung bedeutet, regelmäßige Pausen von der digitalen Welt zu nehmen, bewusste Entscheidungen darüber zu treffen, welche Inhalte wir konsumieren, und wieder Zeit für echte, zwischenmenschliche Beziehungen zu finden. Es bedeutet, die Kontrolle über unser Leben zurückzuerlangen, indem wir uns wieder auf das Wesentliche konzentrieren: auf uns selbst, auf unsere Mitmenschen und auf das, was uns wirklich erfüllt.

Es geht darum, den Mut zu haben, den digitalen Dämmerzustand zu verlassen und die echte Welt wieder zu betreten – eine Welt, in der wir uns nicht durch Algorithmen definieren lassen, sondern durch echte Erfahrungen und echte Verbindungen. Nur so können wir die wahre Freiheit erfahren – eine Freiheit, die nicht von Geräten oder Daten bestimmt wird, sondern von uns selbst.

Die Rückkehr zur Realität – Wie wir uns der digitalen Welt entziehen können

Heutzutage wo die Welt zunehmend von digitalen Technologien beherrscht wird, fällt es uns oft schwer, einen klaren Unterschied zwischen der digitalen Welt und der realen Welt zu erkennen. Das ständige Streben nach schnellen Befriedigungen durch Benachrichtigungen, das endlose Scrollen durch Feeds und die ständige Verfügbarkeit von Unterhaltung haben uns von der physischen Welt entfremdet. Doch es gibt einen Weg zurück – einen Weg, der uns dabei hilft, unsere Wahrnehmung zu schärfen und wieder zu dem zurückzufinden, was wirklich wichtig ist.

Der erste Schritt: Bewusstsein und Akzeptanz

Bevor wir die digitale Welt hinter uns lassen können, müssen wir uns bewusst machen, wie sehr sie unser Leben beeinflusst. Viele Menschen merken gar nicht, wie tief die digitale Welt in ihren Alltag eingedrungen ist. Wir fühlen uns vielleicht von der ständigen Verfügbarkeit von Informationen und Unterhaltung angezogen, ohne uns darüber im Klaren zu sein, wie sehr diese Ablenkungen uns von unserem wahren Selbst entfernen.

Der erste Schritt, um sich von dieser Abhängigkeit zu befreien, ist das Bewusstsein. Wir müssen erkennen, dass wir nicht nur passive Konsumenten von digitalen Inhalten sind, sondern auch aktive Akteure in der Gestaltung unserer digitalen Gewohnheiten. Nur wenn wir uns die Frage stellen, warum wir so viel Zeit online verbringen und welche Auswirkungen das auf unser Leben hat, können wir beginnen, Veränderungen vorzunehmen.

Die Macht der Pausen

Einer der effektivsten Wege, sich der digitalen Welt zu entziehen, ist die bewusste Auszeit. Dies kann in Form von täglichen Pausen geschehen, in denen wir unsere Geräte ausschalten und uns auf die reale Welt konzentrieren. Diese Pausen sind von entscheidender Bedeutung, da sie uns helfen, uns wieder mit uns selbst und der physischen Welt um uns herum zu verbinden.

Es geht nicht darum, das digitale Leben komplett zu vermeiden, sondern darum, einen klaren Raum für den Offline-Alltag zu schaffen. In diesen Pausen können wir Dinge tun, die uns wirklich erfüllen – spazieren gehen, mit Freunden sprechen, ein Buch lesen oder einfach nur in der Stille sitzen und nachdenken. Indem wir regelmäßig solche Pausen einlegen, können wir uns langsam von der ständigen Ablenkung befreien und wieder die Kontrolle über unsere Zeit zurückgewinnen.

Achtsamkeit im digitalen Konsum

Die Qualität unserer digitalen Erlebnisse hängt maßgeblich davon ab, wie bewusst wir uns mit den Inhalten beschäftigen, die wir konsumieren. Achtsamkeit im digitalen Konsum bedeutet, dass wir uns nicht von der Masse der Informationen überwältigen lassen, sondern gezielt auswählen, was wir konsumieren und wie viel Zeit wir mit bestimmten Aktivitäten verbringen. Dies erfordert Disziplin und ein starkes Selbstbewusstsein, da die digitale Welt oft dazu neigt, uns zu ständigen Reaktionen und Handlungen zu drängen.

Ein erster Schritt in Richtung achtsamen digitalen Konsums ist es, unseren Medienkonsum zu überwachen. Dies bedeutet, dass wir uns fragen, ob das, was wir gerade tun, wirklich produktiv oder erfüllend ist, oder ob es nur eine Ablenkung darstellt. Durch eine bewusste Auswahl der Inhalte und eine Reduzierung der Zeit, die wir mit unnötigen Ablenkungen verbringen, können wir unsere digitale Erfahrung verbessern und sie mehr in Einklang mit unseren Zielen und Werten bringen.

Offline-Aktivitäten als Gegenpol zur digitalen Welt

Um den digitalen Dämmerzustand zu überwinden, ist es wichtig, Aktivitäten zu finden, die uns völlig aus der digitalen Welt herausführen. Das können Hobbys wie Sport, Kunst, Kochen oder handwerkliche Tätigkeiten sein. Diese Aktivitäten haben den Vorteil, dass sie uns nicht nur ablenken, sondern auch die Verbindung zu unserer physischen Welt und zu unserem Körper stärken.

Sportliche Betätigung hilft nicht nur dabei, den Körper zu stärken, sondern fördert auch die geistige Klarheit und reduziert das Verlangen nach ständiger Ablenkung. Wenn wir uns in der realen Welt mit unseren eigenen Händen und Körpern beschäftigen, erleben wir das Gefühl der Selbstwirksamkeit, das in der digitalen Welt oft verloren geht.

Kreative Tätigkeiten wie Malen, Schreiben oder Musizieren können ebenfalls dabei helfen, uns aus der digitalen Welt zu lösen. Diese Aktivitäten erfordern unser vollständiges Engagement und unsere Konzentration, was uns nicht nur in den gegenwärtigen Moment zurückholt, sondern auch die Tür zu neuen Gedanken und Perspektiven öffnet.

Digitale Entgiftung als langfristiger Prozess

Die Rückkehr zur Realität ist kein einmaliges Ereignis, sondern ein langfristiger Prozess. Es geht nicht darum, sich für immer von der digitalen Welt zu entfernen, sondern darum, ein gesundes Gleichgewicht zu finden. Digitale Entgiftung bedeutet, sich bewusst von den Verlockungen der digitalen Welt zu distanzieren, um wieder mehr Präsenz im „echten" Leben zu erfahren.

Dieser Prozess erfordert Zeit, Geduld und eine klare Vorstellung davon, was wir uns von unserem Offline-Leben erhoffen. Es kann hilfreich sein, sich feste Zeiten für die digitale Entgiftung zu setzen – zum Beispiel einen ganzen Tag pro Woche oder ein Wochenende im Monat, an dem wir unsere Geräte ausschalten und uns ausschließlich der realen Welt widmen.

Der Rückweg zur Authentizität

Letztlich geht es bei der digitalen Entgiftung darum, wieder mehr Authentizität in unserem Leben zuzulassen. Wir sind nicht nur digitale Wesen, die auf Bildschirmen existieren, sondern komplexe, emotionale und kreative Menschen, die in der realen Welt leben. Unsere Beziehungen, unser Wohlbefinden und unsere persönliche Entwicklung hängen nicht von den Rückmeldungen oder Bewertungen anderer auf sozialen Medien ab, sondern von der Qualität der Erfahrungen, die wir in der physischen Welt machen.

Der Rückweg zur Authentizität erfordert, dass wir uns selbst wiederfinden, ohne die ständige Bewertung und Ablenkung durch digitale Plattformen. Wenn wir uns von der digitalen Welt lösen, öffnen wir die Tür zu einer tieferen Verbindung mit uns selbst und den Menschen um uns herum. Es ist eine Rückkehr zu den einfachen, aber fundamentalen Aspekten des Lebens – zu echter Kommunikation, echter Freude und echter Verbindung.

s

Die digitale Verantwortung – Wie wir uns für eine gesündere digitale Zukunft einsetzen können

Es ist eine unbestreitbare Tatsache, dass die digitale Welt in den vergangenen Jahrzehnten zu einem zentralen Bestandteil unseres Lebens geworden ist. Sie hat unsere Kommunikation, unsere Arbeitsweise und sogar unsere sozialen Beziehungen revolutioniert. Doch mit dieser Revolution kommen auch neue Herausforderungen und Verantwortung. Es ist an der Zeit, über unsere Rolle als Nutzer dieser digitalen Welt nachzudenken und darüber, wie wir dazu beitragen können, eine gesündere, ausgewogenere digitale Zukunft zu gestalten.

Verantwortung als Nutzer: Bewusster Konsum

Jeder von uns hat die Verantwortung, wie er die digitale Welt nutzt. Wir sind nicht nur passive Konsumenten von Inhalten, sondern aktive Teilnehmer, die den Verlauf der digitalen Entwicklung beeinflussen können. Die Art und Weise, wie wir soziale Medien konsumieren, wie wir auf digitale Inhalte reagieren und wie wir uns in der digitalen Welt verhalten, hat Auswirkungen – nicht nur auf uns selbst, sondern auch auf die Gesellschaft insgesamt.

Verantwortung als Nutzer bedeutet, sich bewusst zu machen, wie viel Zeit wir online verbringen und welche Auswirkungen das auf unsere psychische Gesundheit hat. Jeder Klick, jede Scrollbewegung ist eine Entscheidung, und wir haben die Kontrolle über diese Entscheidungen. Indem wir uns für bewusstere und gesündere digitale Gewohnheiten entscheiden, können wir nicht nur unser eigenes Wohlbefinden schützen, sondern auch zu einer insgesamt gesünderen digitalen Kultur beitragen.

Digitale Selbstbestimmung: Kontrolle über unsere Daten und Privatsphäre

Ein weiteres wichtiges Thema in der digitalen Verantwortung ist die Frage der Selbstbestimmung. In der heutigen Zeit sind unsere Daten das wertvollste Gut im digitalen Raum. Soziale Netzwerke, Online-Shops und verschiedene Plattformen sammeln ständig Informationen über uns, um personalisierte Inhalte und

Werbung zu liefern. Doch wo bleibt in diesem Szenario unsere Privatsphäre?

Die digitale Selbstbestimmung bedeutet, die Kontrolle über unsere eigenen Daten zu übernehmen und uns aktiv für unseren Datenschutz einzusetzen. Dazu gehört, dass wir uns bewusst darüber sind, welche Daten wir teilen und wie diese verwendet werden. Es geht darum, nicht nur die Kontrolle über unser Online-Verhalten zurückzugewinnen, sondern auch unsere Privatsphäre zu schützen. Wir können uns für Plattformen entscheiden, die den Schutz unserer Daten respektieren, und bewusst auf die Sicherheit unserer digitalen Identität achten.

Digital Detox – eine kulturelle Bewegung

Ein wachsender Trend, der die digitale Verantwortung in den Fokus rückt, ist die Bewegung des „Digital Detox". Diese Bewegung fordert uns auf, regelmäßig Auszeiten von digitalen Geräten zu nehmen, um unsere psychische Gesundheit zu fördern und unsere zwischenmenschlichen Beziehungen zu stärken. Digital Detox ist nicht nur ein persönliches Anliegen, sondern auch eine kulturelle Bewegung, die dazu beiträgt, das Bewusstsein für die Auswirkungen der digitalen Überlastung zu schärfen.

Indem wir uns für regelmäßige Detox-Phasen entscheiden, können wir nicht nur unseren Geist entlasten,
sondern auch wieder den Kontakt zu uns selbst und
unserer Umgebung herstellen. Ein Digital Detox ist ein
Schritt hin zu einer ausgewogenen Nutzung der digitalen Welt, bei dem wir uns der negativen Auswirkungen
bewusst sind und lernen, diese zu minimieren.

Die Verantwortung der Plattformen: Förderung eines gesunden digitalen Raums

Die Verantwortung für eine gesunde digitale Zukunft liegt jedoch nicht nur bei den Nutzern – auch die
Plattformen, die wir täglich nutzen, tragen eine enorme
Verantwortung. Es ist an der Zeit, dass Unternehmen
und Entwickler ihre Praktiken überdenken und sich
stärker auf das Wohl ihrer Nutzer konzentrieren.

Statt auf die Maximierung von Klicks und die Ge-
nerierung von Werbeeinnahmen zu setzen, sollten
Plattformen den Fokus auf die Förderung eines gesunden, ausgewogenen digitalen Raums legen.

Dies kann durch die Entwicklung von Funktionen
geschehen, die den Nutzern helfen, gesunde Gewohnheiten zu entwickeln, wie zum Beispiel die Begren-

zung der Nutzungszeit, die Förderung von Achtsamkeit im digitalen Konsum und die Bereitstellung von Tools, die die Privatsphäre der Nutzer schützen. Plattformen sollten sich auch stärker für den Schutz vor Cybermobbing und schädlichen Inhalten einsetzen, um eine sichere und respektvolle digitale Umgebung zu schaffen.

Gemeinsam für eine gesunde digitale Zukunft

Letztlich ist es die Aufgabe von uns allen – als Nutzer, Entwickler, Unternehmen und Gesellschaft – gemeinsam für eine gesunde digitale Zukunft zu arbeiten. Es geht darum, digitale Räume zu schaffen, die nicht nur auf Konsum und Ablenkung ausgelegt sind, sondern auf Bildung, Kreativität und zwischenmenschliche Verbindung.

Indem wir uns als verantwortungsbewusste Nutzer und verantwortungsvolle Unternehmen für gesündere digitale Gewohnheiten und ethische Praktiken einsetzen, können wir die digitale Welt zu einem besseren Ort machen. Wir sollten uns nicht nur als passive Konsumenten sehen, sondern als aktive Gestalter einer digitalen Zukunft, die für alle von Nutzen ist. Denn eine gesunde digitale Welt ist nicht nur ein Wunsch, son-

dern eine Notwendigkeit – für uns selbst und für zu-
künftige Generationen.

Die Verantwortung von Social Media Unternehmen und die Rolle von Politik und Gesellschaft

Die weltweite Verbreitung von Social Media hat nicht nur die Art und Weise verändert, wie wir kommunizieren und Informationen konsumieren, sondern auch eine Reihe von ethischen und gesellschaftlichen Herausforderungen mit sich gebracht. Eine der größten Fragen, die im Zusammenhang mit diesen Plattformen aufgeworfen wird, ist die Verantwortung der Unternehmen, die sie betreiben, und die Rolle von Politik und Gesellschaft, in diese Entwicklungen einzugreifen.

Die Macht von Social Media Unternehmen

Die Social Media Giganten wie Facebook, Instagram, X (ehemals Twitter), TikTok und YouTube haben inzwischen eine so große Macht erlangt, dass sie nicht nur den öffentlichen Diskurs bestimmen, sondern auch weitreichende Auswirkungen auf das tägliche Leben und die Gesellschaft haben. Sie steuern, was gesehen und geteilt wird, bestimmen Trends und beeinflussen politische Wahlen, Konsumverhalten und gesellschaftliche Normen.

Die Algorithmen, die den Inhalt auf diesen Plattformen kuratieren, sind darauf ausgerichtet, die Aufmerksamkeit der Nutzer zu fesseln und sie dazu zu bringen, immer mehr Zeit auf den Seiten zu verbringen. Das Hauptziel dieser Unternehmen ist es, Werbung zu verkaufen, und je länger ein Nutzer auf der Plattform bleibt, desto mehr Daten können gesammelt werden, um gezielte Werbung auszuspielen. Diese Praktiken werfen nicht nur Fragen zur Privatsphäre auf, sondern auch zur Verantwortung der Unternehmen, wie sie mit den Daten ihrer Nutzer umgehen.

Manipulation und Verzerrung der Realität

Ein weiteres gravierendes Problem ist die Art und Weise, wie diese Plattformen die Realität verzerren können. Sie bieten den Nutzern eine Filterblase, in der sie hauptsächlich Inhalte sehen, die mit ihren eigenen Ansichten und Überzeugungen übereinstimmen. Dies fördert die Polarisierung und kann dazu führen, dass Menschen sich zunehmend von anderen Perspektiven abschotten. Dies gilt besonders für politische Themen, wo Falschinformationen und Fake News in hohem Maße verbreitet werden.

Die Verantwortung der Social Media Unternehmen, gegen solche Verzerrungen und Falschinformationen vorzugehen, ist heute dringlicher denn je. Doch statt die Verbreitung von Fake News zu unterbinden, haben viele dieser Unternehmen nur unzureichende Maßnahmen getroffen, um diesen Missbrauch ihrer Plattformen zu verhindern. Oft wird Kritik an der Verzerrung von Informationen heruntergespielt oder abgetan, um nicht den profitablen Betrieb der Plattformen zu gefährden.

Politik und gesetzliche Rahmenbedingungen

Die Frage, die sich nun stellt, ist: Sollte die Politik eingreifen, um die Verantwortung dieser Unternehmen stärker zu regulieren? Die Antwort darauf ist nicht einfach, aber angesichts der weitreichenden Auswirkungen auf die Gesellschaft ist ein gesetzlicher Rahmen sicherlich notwendig. Einige Länder haben bereits erste Schritte unternommen, um Social-Media-Unternehmen zur Verantwortung zu ziehen. In der EU etwa wurde die „Digital Services Act" (DSA) eingeführt, die darauf abzielt, Unternehmen wie Facebook und YouTube dazu zu bringen, stärker gegen schädliche Inhalte wie Hassrede und Fake News vorzugehen.

Doch auch hier stellt sich die Frage, wie weit der Staat in die Regulierung von Inhalten eingreifen sollte. Es besteht eine feine Balance zwischen dem Schutz vor schädlichen Inhalten und der Wahrung der Meinungsfreiheit. Wenn Regierungen zu sehr in die Inhalte eingreifen, könnte dies als Zensur angesehen werden. Andererseits ist es unverantwortlich, die Plattformen völlig ohne Regeln zu lassen, wenn sie so großen Einfluss auf die Gesellschaft haben.

Die Rolle der Gesellschaft – Aufklärung und Eigenverantwortung

Abgesehen von den gesetzlichen Maßnahmen spielt auch die Gesellschaft eine wesentliche Rolle dabei, wie wir mit den Auswirkungen von Social Media umgehen. Aufklärung und Bewusstsein sind entscheidend. Besonders junge Menschen müssen verstehen, wie sie sich in der digitalen Welt sicher bewegen können und wie sie den Einfluss von Social Media auf ihre Wahrnehmung und Entscheidungen kritisch hinterfragen können.

Es ist entscheidend, dass Schulen, Eltern und die Gesellschaft als Ganzes den Umgang mit Social Media nicht nur als technische Herausforderung, sondern auch als ethische und psychologische Herausforderung betrachten. Wer sind wir in einer Welt, die zunehmend von digitalen Plattformen geprägt ist? Wie können wir sicherstellen, dass diese Technologien uns dienen und nicht kontrollieren?

Die Verantwortung liegt nicht nur bei den Social Media Unternehmen, sondern auch bei uns als Gesellschaft. Jeder Einzelne muss für sich selbst und für die Gemeinschaft entscheiden, wie er sich in dieser digitalen Welt bewegen möchte – und wie er dazu beiträgt, dass diese Welt nicht nur von kurzfristigem Profitdenken, sondern auch von ethischen und menschlichen Werten geprägt wird.

Die Rolle der Plattformbetreiber

Plattformbetreiber wie Facebook, Instagram, TikTok und YouTube sind nicht nur passive Akteure im digitalen Raum. Sie sind die Architekten der Umgebung, in der Millionen von Menschen täglich Zeit verbringen. Ihre Algorithmen und Geschäftsmodelle sind gezielt darauf ausgerichtet, den Nutzern Inhalte zu präsentieren, die ihre Aufmerksamkeit fesseln und sie immer wieder zurückkehren lassen. Das primäre Ziel dieser Unternehmen ist es, ihre Nutzer zu halten, um mehr Daten zu sammeln und letztlich noch mehr Werbung zu verkaufen.

Die Betreiber sind sich durchaus der Auswirkungen ihrer Plattformen bewusst. Doch anstatt Maßnahmen zu ergreifen, um die negativen Folgen zu minimieren, setzen sie häufig noch stärker auf die Mechanismen, die die Abhängigkeit weiter anheizen. Autoplay, Benachrichtigungen, Likes und das endlose Scrollen durch Feeds sind bewusste Entscheidungen, die darauf abzielen, den Nutzern immer mehr Inhalte zu präsentieren – unabhängig davon, ob diese gesund oder förderlich sind.

Kapitel 35: Die Verantwortung von Plattformbetreibern – wer ist schuld an der digitalen Krise?

Mit der allgegenwärtigen Nutzung von Social Media und der zunehmenden digitalen Abhängigkeit stellt sich unweigerlich eine Frage: Wer trägt die Verantwortung für die Auswirkungen, die diese Technologien auf das menschliche Verhalten und Wohlbefinden haben? Ist es der Konsument, der sich freiwillig in den Strudel der digitalen Welt begibt, oder sind es die Betreiber der Plattformen, die ihre Algorithmen bewusst so gestalten, dass sie süchtig machen?

Die Rolle der Plattformbetreiber

Plattformbetreiber wie Facebook, Instagram, TikTok und YouTube sind nicht nur passive Akteure im digitalen Raum. Sie sind die Architekten der Umgebung, in der Millionen von Menschen täglich Zeit verbringen. Ihre Algorithmen und Geschäftsmodelle sind gezielt darauf ausgerichtet, den Nutzern Inhalte zu präsentieren, die ihre Aufmerksamkeit fesseln und sie immer wieder zurückkehren lassen. Das primäre Ziel dieser Unternehmen ist es, ihre Nutzer zu halten, um mehr Daten zu sammeln und letztlich noch mehr Werbung zu verkaufen.

Die Betreiber sind sich durchaus der Auswirkungen ihrer Plattformen bewusst. Doch anstatt Maßnahmen zu ergreifen, um die negativen Folgen zu minimieren, setzen sie häufig noch stärker auf die Mechanismen, die die Abhängigkeit weiter anheizen. Autoplay, Benachrichtigungen, Likes und das endlose Scrollen durch Feeds sind bewusste Entscheidungen, die darauf abzielen, den Nutzern immer mehr Inhalte zu präsentieren – unabhängig davon, ob diese gesund oder förderlich sind.

Die Macht der Algorithmen

Die Algorithmen, die den Inhalt auf Social-Media-Plattformen steuern, spielen eine Schlüsselrolle bei der Entstehung digitaler Sucht. Sie sind darauf ausgelegt, Inhalte zu zeigen, die das größte Engagement erzeugen – und das sind oft emotionale, polarisierte oder extremisierte Themen. Negative Nachrichten, Kontroversen und spektakuläre Ereignisse ziehen die Aufmerksamkeit der Nutzer an, und das führt dazu, dass sie immer mehr von diesen Inhalten konsumieren.

Studien haben gezeigt, dass die Algorithmen auf Plattformen wie Facebook oder TikTok gezielt dazu beitragen, dass Nutzer immer tiefer in "Filterblasen" geraten, in denen ihre eigenen Überzeugungen und Vorlieben ständig bestätigt werden. Dies führt zu einer verzerrten Wahrnehmung der Welt und kann die kognitive Dissonanz verstärken, was zu Konflikten und Missverständnissen führt. In der Folge verbringen die Nutzer immer mehr Zeit in dieser Umgebung, was die Abhängigkeit weiter verstärkt.

Ethische Verantwortung der Plattformbetreiber

Es stellt sich die Frage, ob es ethisch vertretbar ist, Plattformen zu betreiben, deren Algorithmen bewusst darauf ausgelegt sind, süchtig zu machen. Ist es moralisch verantwortbar, das Wohl der Nutzer zugunsten von Profitmaximierung zu opfern? Einige Experten sind der Meinung, dass die Plattformbetreiber dringend dazu verpflichtet werden sollten, Maßnahmen zu ergreifen, um die psychischen Auswirkungen ihrer Dienste zu minimieren.

Es gibt erste Ansätze, um diese Verantwortung zu übernehmen. Einige Plattformen experimentieren mit Änderungen an ihren Algorithmen, um Inhalte weniger polarisiert und konfliktbeladen darzustellen. Andere, wie Instagram, haben Features eingeführt, die Nutzer vor exzessivem Scrollen warnen oder die Bildschirmzeit limitieren. Doch diese Maßnahmen sind noch weit entfernt davon, eine nachhaltige Veränderung herbeizuführen. Im Kern bleibt das Geschäftsmodell der meisten Social-Media-Plattformen unverändert: Die Maximierung der Nutzerzeit und der damit verbundenen Werbeeinnahmen.

Der Appell an die Gesellschaft

Die Verantwortung liegt jedoch nicht nur bei den Plattformbetreibern. Auch die Gesellschaft muss Verantwortung übernehmen. Eltern, Lehrer, Unternehmen und Regierungen müssen sich stärker für eine gesunde digitale Erziehung und ein ausgewogenes Konsumverhalten einsetzen.

Es ist entscheidend, dass der Dialog über die Auswirkungen von Social Media auf die Gesellschaft verstärkt wird. Es braucht Aufklärung darüber, wie soziale Medien das Verhalten beeinflussen und welche langfristigen Konsequenzen der exzessive Gebrauch haben kann. Dabei ist es wichtig, dass dieser Dialog nicht nur die negativen Aspekte in den Vordergrund stellt, sondern auch die positiven Möglichkeiten betont, wie Social Media in einem verantwortungsvollen Rahmen genutzt werden kann.

Lösungsansätze und der Weg nach vorn

Ein erster Schritt könnte die Förderung der digitalen Medienkompetenz sein. Schüler sollten frühzeitig lernen, wie sie sich in der digitalen Welt sicher und verantwortungsvoll bewegen. Sie sollten wissen, wie sie sich vor den manipulativen Techniken der Plattformen schützen und wie sie ihre eigene Zeit im Internet sinnvoll gestalten können. Digitale Achtsamkeit könnte dabei als Konzept eine zentrale Rolle spielen.

Auch eine verstärkte Regulierung der Social-Media-Plattformen könnte eine Lösung darstellen. Regierungen und internationale Organisationen könnten gesetzliche Regelungen erlassen, die verhindern, dass Social Media zu einem reinen Geschäftsinstrument auf Kosten des Wohlergehens der Nutzer wird. Doch auch hier stellt sich die Frage, inwieweit solche Eingriffe sinnvoll und effektiv sein können, ohne die grundsätzliche Freiheit der digitalen Kommunikation einzuschränken.

Fazit: Ein System in der Schwebe – Verantwortung, Regulierung und Aufklärung

Die Verantwortung für die Auswirkungen von Social Media auf unsere Gesellschaft liegt auf mehreren Ebenen: bei den Unternehmen, die diese Plattformen betreiben, bei den Regierungen, die gesetzliche Rahmenbedingungen schaffen sollten, und bei uns allen als Nutzer. Es ist ein komplexes Zusammenspiel von ethischen, rechtlichen und sozialen Aspekten, das die Grundlage für eine gesunde digitale Zukunft bilden sollte.

Die Unternehmen müssen ihren Einfluss verantwortungsvoll einsetzen und sich der gesellschaftlichen

Auswirkungen ihres Handelns bewusst werden. Die Politik ist gefordert, klare und faire Gesetze zu schaffen, die sowohl die Nutzer schützen als auch die Innovationen der digitalen Welt nicht behindern. Und wir als Gesellschaft müssen lernen, wie wir uns in einer immer komplexeren digitalen Welt zurechtfinden, ohne unsere Werte und unsere Menschlichkeit zu verlieren.

Die Verantwortung der Nutzer – Wie wir uns selbst vor der digitalen Manipulation schützen können

Innerhalb einer Welt, die zunehmend von digitalen Technologien bestimmt wird, liegt es an uns, wie wir mit diesen Tools umgehen. Während die Technologie immer mächtiger und invasiver wird, bleibt die Verantwortung, wie wir sie nutzen, bei uns als Einzelnen. In diesem Kapitel geht es darum, wie wir uns selbst vor der digitalen Manipulation schützen können, um unsere Autonomie und unseren gesunden Menschenverstand zu bewahren.

Die erste Verteidigungslinie: Bewusstsein und Aufklärung

Der erste Schritt, um sich vor der digitalen Manipulation zu schützen, ist das Bewusstsein. Zu wissen, dass Manipulation stattfindet, ist der Schlüssel, um nicht Opfer davon zu werden. Algorithmen sind darauf ausgelegt, uns zu lenken – sei es, um uns bestimmte Produkte zu verkaufen oder uns in eine politische Richtung zu lenken. Sie nutzen unsere Vorlieben, unsere Daten und unser Verhalten, um uns immer wieder mit maßgeschneiderten Inhalten zu versorgen, die unsere Ansichten und Verhaltensweisen verstärken.

Die Schwierigkeit liegt darin, dass viele Menschen nicht erkennen, dass sie manipuliert werden. Es ist eine subtile, aber dennoch tiefgreifende Beeinflussung, die sich über Zeit aufbaut. Um uns vor dieser Art der Manipulation zu schützen, müssen wir uns ständig fragen: Was ist die Absicht hinter dem, was mir gezeigt wird? Ist es ein echtes Bedürfnis oder wurde es gezielt entwickelt, um mich zu beeinflussen?

Die Rolle der digitalen Hygiene

Digitale Hygiene ist ebenso wichtig wie persönliche Hygiene. Sie bezieht sich auf die bewusste Pflege und Kontrolle unserer digitalen Gewohnheiten. Dazu gehört, wie und wann wir unsere Geräte verwenden, welche Informationen wir teilen und wie wir auf unsere digitale Umgebung reagieren. Wer regelmäßig soziale Medien und andere digitale Plattformen nutzt, muss sich selbst immer wieder Fragen stellen: Wie viel Zeit verbringe ich online? Was tue ich mit den Informationen, die ich aufnehme? Lasse ich mich zu sehr von diesen Plattformen beherrschen?

Ein Beispiel für digitale Hygiene ist, regelmäßig „digitale Detox"-Phasen einzulegen, in denen man sich bewusst von den Geräten entfernt und offline geht. Auch das regelmäßige Überprüfen der Privatsphäre-Einstellungen auf sozialen Medien und anderen Plattformen hilft, die Kontrolle über die eigenen Daten zu behalten und ungewollte Exposition zu vermeiden.

Informationskompetenz – Die Fähigkeit, Fakten von Fehlinformationen zu unterscheiden

In der digitalen Welt ist es wichtiger denn je, Informationen kritisch zu hinterfragen. Fake News, manipulierte Bilder und gefälschte Geschichten sind allgegenwärtig. Das gefährliche an diesen Falschinformationen ist nicht nur, dass sie uns falsch informieren, sondern dass sie unsere Meinungen und Einstellungen in eine bestimmte Richtung lenken können – oft ohne dass wir es merken.

Die Fähigkeit, Fakten von Fehlinformationen zu unterscheiden, ist eine der wichtigsten Kompetenzen, die wir in der digitalen Zukunft entwickeln können. Hierbei spielen nicht nur technische Fähigkeiten eine Rolle, sondern auch ein gesundes Maß an Skepsis und das Bewusstsein, dass nicht alles, was wir online sehen oder lesen, der Wahrheit entspricht. Quellen müssen geprüft, und Informationen aus verschiedenen Blickwinkeln betrachtet werden, um ein umfassenderes Bild zu erhalten.

Grenzen setzen – der digitale Raum ist kein unendliches Entkommen

Die Versuchung, sich in die digitale Welt zu flüchten, ist groß. Die ständige Verfügbarkeit von Informationen, Unterhaltung und sozialen Interaktionen kann dazu führen, dass wir die realen Anforderungen und Beziehungen vernachlässigen. Um dem entgegenzuwirken, ist es entscheidend, klare Grenzen zu setzen.

Das bedeutet nicht nur, sich von ständigen Benachrichtigungen und Ablenkungen zu befreien, sondern auch, offline zu leben und die Zeit in der realen Welt zu genießen. Unsere Gehirne sind nicht dafür gemacht, permanent mit Informationen überflutet zu werden. Wenn wir uns zu sehr in der digitalen Welt verlieren, kann das unsere mentale Gesundheit und unsere Fähigkeit zur Reflexion beeinträchtigen.

Verantwortung übernehmen – der Einzelne als Teil der digitalen Gesellschaft

Jeder Einzelne hat die Verantwortung, sich selbst zu schützen und bewusst mit digitalen Technologien umzugehen. Doch wir dürfen auch nicht vergessen, dass wir nicht nur für uns selbst verantwortlich sind, sondern auch für das größere digitale Gemeinwohl. Jeder Beitrag, den wir im digitalen Raum leisten – sei es durch die Weitergabe von Informationen, durch unsere Online-Aktivitäten oder durch die Art, wie wir mit anderen interagieren – hat Auswirkungen auf das Gesamtbild.

Eine verantwortungsvolle Nutzung von Technologie bedeutet auch, die Auswirkungen unserer digitalen Handlungen auf andere zu bedenken. Wir müssen uns fragen, wie unsere Online-Aktivitäten das Leben anderer beeinflussen, ob wir in den sozialen Medien zum Dialog oder zur Polarisierung beitragen und wie wir unsere digitale Stimme verantwortungsvoll einsetzen können.

Die Zukunft liegt in unseren Händen

Die digitale Welt ist nicht in Stein gemeißelt. Sie entwickelt sich ständig weiter, und die Richtung, in die sie geht, hängt nicht nur von den großen Tech-Unternehmen ab, sondern auch von jedem einzelnen Nutzer. Wenn wir uns bewusst mit unseren digitalen

Gewohnheiten und Handlungen auseinandersetzen, können wir eine Welt schaffen, in der Technologie nicht unser Leben bestimmt, sondern uns hilft, als Individuen und als Gesellschaft besser zu funktionieren.

Es liegt an uns, die Kontrolle zu übernehmen, uns zu schützen und die digitale Welt verantwortungsvoll zu gestalten. Wir müssen uns ständig weiterbilden, wachsam bleiben und immer wieder hinterfragen, wie wir Technologie in unserem Leben nutzen. Nur so können wir sicherstellen, dass wir nicht zu Marionetten der digitalen Manipulation werden, sondern eigenständige, informierte und bewusste Akteure in dieser digitalen Ära bleiben.

Die Zukunft der digitalen Welt – Wie Technologie unsere Gesellschaft neu prägen könnte

Die digitale Welt ist ein sich ständig veränderndes Terrain, in dem technologische Innovationen das Fundament für die Zukunft legen. Was heute noch unvorstellbar scheint, könnte in wenigen Jahren Realität sein. Doch mit diesen rasanten Entwicklungen geht auch eine Verantwortung einher, die wir als Gesellschaft und als Individuen tragen müssen. In diesem Kapitel werfen wir einen Blick auf die möglichen Entwicklungen der digitalen Zukunft und wie diese die Art und Weise, wie wir leben, arbeiten und miteinander interagieren, grundlegend verändern könnten.

Künstliche Intelligenz – Segen oder Fluch?

Künstliche Intelligenz (KI) ist ein zentraler Bestandteil der digitalen Zukunft. Sie hat das Potenzial, nahezu jeden Aspekt unseres Lebens zu revolutionieren – von der Medizin über die Automobilindustrie bis hin zur Kommunikation. Schon heute nutzen wir KI in

Form von personalisierten Empfehlungen, Sprachassistenten und automatisierten Prozessen. Doch wie wird sich diese Technologie weiterentwickeln?

Eine der größten Herausforderungen der KI ist die ethische Fragestellung: Wie sorgen wir dafür, dass KI im Einklang mit den Werten der Gesellschaft arbeitet und nicht zu einem Werkzeug der Manipulation oder Kontrolle wird? Ein mögliches Szenario könnte die zunehmende Automatisierung von Berufen sein, die Arbeitsplätze in großem Maße verändert. Wir müssen uns fragen, wie eine Gesellschaft mit der Automatisierung umgehen kann, ohne dass Menschen in Armut oder Bedeutungslosigkeit abrutschen.

Doch KI hat auch das Potenzial, das Leben zu verbessern, indem sie uns hilft, Krankheiten schneller zu diagnostizieren, den Klimawandel zu bekämpfen oder nachhaltigere Technologien zu entwickeln. Die Zukunft der KI liegt in unserer Hand, und es ist entscheidend, dass wir sie verantwortungsvoll gestalten.

Virtuelle Realität und Augmented Reality – unsere neue Realität

Ein weiteres spannendes Feld in der digitalen Zukunft ist die Entwicklung von virtueller und erweiterter

Realität (VR und AR). Diese Technologien könnten unser Verständnis von „Realität" grundlegend verändern. Heute nutzen wir VR für Gaming und Unterhaltung, doch in der Zukunft könnten diese Technologien einen viel breiteren Einsatz finden. In der Bildung könnten VR und AR das Lernen revolutionieren, indem sie immersive Erfahrungen schaffen, die das Verständnis komplexer Themen erleichtern. Medizinische Schulungen, historische Rekonstruktionen und sogar interaktive Kunst könnten durch VR und AR auf eine neue Ebene gehoben werden.

Doch auch hier stellen sich Fragen zu den psychischen Auswirkungen, wenn Menschen immer mehr in digitale Welten eintauchen. Werden wir den Kontakt zur realen Welt verlieren, wenn die digitale Welt immer lebensechter wird? Es könnte eine Herausforderung sein, eine Balance zu finden zwischen der Faszination der digitalen Welten und der Notwendigkeit, in der realen Welt präsent zu bleiben.

Blockchain und dezentrale Systeme – eine Revolution der Datenhoheit

Blockchain-Technologie hat das Potenzial, die Art und Weise, wie wir Daten verwalten, zu revolutionieren. Sie ermöglicht es, Daten dezentral und sicher zu speichern, wodurch die Kontrolle über persönliche Informationen aus den Händen zentraler Institutionen genommen wird. Dies könnte zu einer völlig neuen Form der digitalen Freiheit führen – eine, in der wir die vollständige Kontrolle über unsere Daten haben, ohne von großen Unternehmen oder Regierungen abhängig zu sein.

Die Anwendungsmöglichkeiten von Blockchain sind weitreichend: von sicheren Online-Transaktionen über die Verwaltung von Gesundheitsdaten bis hin zu dezentralen sozialen Netzwerken, die es den Nutzern ermöglichen, ihre Privatsphäre zu wahren.

Doch auch hier gibt es Herausforderungen: Wie stellen wir sicher, dass diese Technologien nicht missbraucht werden? Und wie schaffen wir es, dass der Zugang zu diesen neuen digitalen Freiheiten nicht nur wenigen privilegierten Menschen vorbehalten bleibt?

Die Rolle der Bildung in der digitalen Zukunft

Eine der wichtigsten Fragen für die digitale Zukunft ist, wie wir als Gesellschaft sicherstellen, dass kommende Generationen die nötigen Fähigkeiten und das Wissen haben, um in dieser sich schnell verän-

dernden Welt erfolgreich zu sein. Die digitale Kluft –
die ungleiche Verteilung von Zugang zu Technologie
und digitalen Bildungsressourcen – könnte sich als eines der größten Hindernisse für eine gerechte Zukunft
herausstellen.

Bildung muss sich verändern, um den Bedürfnissen der digitalen Welt gerecht zu werden. Es geht nicht
nur darum, Kindern und Jugendlichen beizubringen,
wie man mit Computern arbeitet, sondern ihnen die
kritischen Denkfähigkeiten zu vermitteln, die sie benötigen, um die digitale Welt zu verstehen und verantwortungsvoll mit ihr umzugehen. Es ist entscheidend,
dass digitale Kompetenz und Medienkompetenz als
grundlegende Fähigkeiten anerkannt werden, die jeder
erwerben sollte – unabhängig von Herkunft, Bildungs-
stand oder sozialem Status.

Die ethische Herausforderung – die Zukunft in unseren Händen

Während die Technologie sich weiterentwickelt,
sind wir als Gesellschaft mit einer wichtigen ethischen
Herausforderung konfrontiert: Wie stellen wir sicher,
dass diese Entwicklungen im besten Interesse aller
Menschen vorangetrieben werden? Die Frage nach den
moralischen und ethischen Implikationen von Techno-

logien wie KI, VR und Blockchain ist von entscheidender Bedeutung. Wenn wir die digitale Zukunft gestalten, müssen wir uns immer wieder fragen: Wer profitiert von diesen Entwicklungen? Wer könnte durch sie benachteiligt werden? Wie können wir sicherstellen, dass niemand in dieser digitalen Revolution zurückgelassen wird?

Es ist an der Zeit, dass wir nicht nur die technischen Möglichkeiten der digitalen Zukunft betrachten, sondern auch die sozialen, ethischen und moralischen Auswirkungen. Eine technologische Revolution muss Hand in Hand gehen mit einer sozialen und ethischen Revolution, die sicherstellt, dass die digitale Zukunft für alle ein besserer Ort wird.

Nachwort

Nachwort

Die sozialen Medien haben unsere Welt grundlegend verändert. Sie verbinden uns, sie informieren uns – doch sie manipulieren uns auch. Während sie uns die Illusion von Kontrolle geben, entziehen sie uns oft genau das: die Freiheit, selbstbestimmt zu denken und zu handeln.

Dieses Buch sollte keine Verteufelung sein, sondern ein Weckruf. Denn Technologie ist nicht per se gut oder böse – es kommt darauf an, wie wir sie nutzen. Die digitale Welt kann ein Werkzeug sein, aber auch eine Falle. Die Entscheidung liegt bei uns.

Ich hoffe, diese Seiten haben dich dazu angeregt, über deinen eigenen Umgang mit sozialen Medien nachzudenken. Bewusstheit ist der erste Schritt zur Veränderung. Und vielleicht ist es genau diese bewusste Nutzung, die uns davor bewahrt, von der digitalen Welt verschluckt zu werden.

Danke, dass du mich auf dieser Reise begleitet hast.

Mara von Eichen

Danksagung

Text der Danksagung

*Erstellung und Gestaltung wurden
mithilfe von WriteControl vorgenommen*